Administración del Dinero

Conviértete en un Maestro en Poco Tiempo de Cómo Crear Presupuestos, Ahorrar Dinero y Salir de Deudas Mientras Que Construyes tu Libertad Financiera

Volumen Completo

Por

Income Mastery

Libro 1: Administración del Dinero

Conviértete en un Maestro en Poco Tiempo de Cómo Crear Presupuestos, Ahorrar Dinero y Salir de Deudas Mientras Que Construyes tu Libertad Financiera Volumen 1

Libro 2: Administración del Dinero

Conviértete en un Maestro en Poco Tiempo de Cómo Crear Presupuestos, Ahorrar Dinero y Salir de Deudas Mientras Que Construyes tu Libertad Financiera Volumen 2

Libro 3: Administración del Dinero

Conviértete en un Maestro en Poco Tiempo de Cómo Crear Presupuestos, Ahorrar Dinero y Salir de Deudas Mientras Que Construyes tu Libertad Financiera Volumen 3

La información en las siguientes páginas se considera, en términos generales, como una descripción veraz y precisa de los hechos y, como tal, cualquier falta de atención, uso o mal uso de la información en cuestión por parte del lector hará que las acciones resultantes sean únicamente de su competencia. No hay escenarios en los que el editor o el autor de este libro puedan ser considerados responsables de cualquier dificultad o daño que pueda ocurrirles después de realizar la información aquí expuesta.

Además, la información en las siguientes páginas está destinada únicamente a fines informativos y, por lo tanto, debe considerarse como universal. Como corresponde a su naturaleza, se presenta sin garantía con respecto a su validez prolongada o calidad provisional. Las marcas comerciales que se mencionan se realizan sin consentimiento por escrito y de ninguna manera pueden considerarse como auspicios de la misma.

Table of Contents

Libro 1: Administración del Dinero

Conviértete en un Maestro en Poco Tiempo de Cómo Crear Presupuestos, Ahorrar Dinero y Salir de Deudas Mientras Que Construyes tu Libertad Financiera

Volumen 1

Por

Income Mastery

INTRODUCCIÓN

Como verás, todo se trata de fundamentos administrativos que debes tomar en cuenta como por ejemplo tu producción, ¿Qué produces realmente?, ¿Cuál es tu oferta? O mejor dicho... ¿Qué vas a ofertar? Luego de eso, ¿quién va a ser el público demandante de tu oferta?, es decir ¿quién va a necesitar tu producto?

Parece algo largo y tedioso, pero como puedes darte cuenta es un proceso de planificación que bien estructurado y definido te permitirá determinar cuánto necesitas invertir y cuánto esperar obtener de beneficios en un plazo que establecerás de acuerdo al proceso de tu producción y oferta en el mercado.

Recuerda que los presupuestos pueden ser públicos o privados y cada presupuesto está condicionado por metas claras y precisas en un tiempo determinado. Utilicemos un ejemplo claro: suponga que quiere ir de viajes con algún familiar o amigo/amiga para un lugar cercano a su país o región. De principio, usted ya estará, de forma determinante, estableciendo el principal objetivo: ir de viajes a un lugar de su país o región. Esto hace que sea una meta factible, ya que estará dentro de su límite presupuestario si está trabajando y obteniendo un ingreso que le permitirá llegar a lograr su viaje. Luego, tendrá que establecer prioritariamente los pasos para lograr ese objetivo o meta. Esto implica el seguir minuciosamente unas reglas para el logro de su objetivo, lo cual como parte de un plan, hace que se comprometa a cumplirlo a cabalidad porque al final usted espera lograr un resultado positivo, es por ello que contará también con la participación de aquella persona que le acompañará y dado ciertos pasos usted incluirá qué acciones deberá realizar la otra persona para formar parte de su estrategia planificada en el tiempo que desea lograrlo. Una vez finalizado los pasos y procedimientos para el logro de su objetivo, usted deberá tomar una decisión la cual será preponderante para delimitar el alcance del mismo.

Por lo general, los presupuestos al igual que la mayoría de los procesos planificados, suelen ser flexibles y estar sujetos a modificaciones y situaciones imprevistas. Es por ello que tomando el ejemplo anterior, es posible que se haya dado cuenta que aún le falta completar algunas cuotas para cubrir gastos necesarios para su viaje, o que de repente haya superado sus expectativas de ahorro y le quede algo para compras de suvenires o productos que desee alternativamente a su viaje.

Con el ejemplo del viaje, hemos tocado otros dos términos importantes: ingresos y gastos o egresos. Para definir un ingreso podemos visualizar a un empleado que ofrece servicios en una empresa, el pago que recibe por dichos servicios es lo que se denomina como ingresos, dicho empleado puede percibir ingresos desde otras vías; como por ejemplo propinas, comisiones, porcentajes o bonos por producción. Estos ingresos adicionales motivarán al empleado a mejorar y ampliar su producción de tal modo que buscará herramientas con las cuales pueda cumplir esa meta. Como verás, este proceso presupuestario está muy ligado a nuestras vidas y por lo tanto depende de nuestro juicio tomar las decisiones correctas y el mantenerse en el mercado de producción, para el caso anterior, la oferta de un servicio.

Quizá le suene fortuito el hecho de que una persona en particular pueda obtener ingresos adicionales, pero realmente no es así, lo que sucede es que cuando una persona se encuentra en situaciones de autoexigencia, se propone de forma "inconsciente" y a veces "intencional" realizar y ofrecer alternativas para su superación y lograr un mayor alcance de utilidades netas para su subsistencia. Entiéndase subsistencia como aquellos medios que son necesarios para mantenerse, en este caso económicamente. No obstante, hay que aclarar que la subsistencia también depende de una planificación y no de una improvisación, pues no va a estar nunca ligada como algo fortuito o improvisado. Los seres humanos tendemos a tener pensamientos instantáneos, que fluyen al igual que las palabras en micro milésimas de segundos, en este proceso dejamos que ideas productivas fluyan en nuestra mente y las llevamos a la acción en un tiempo que consideramos pertinente. Podemos dar esta analogía de igual manera para el presupuesto, ya que al establecer claramente nuestras metas y acciones a seguir, definimos de qué manera lo vamos a lograr para luego ir comprobando nuestros resultados con lo que nos hemos planteado y poder mejorar nuestro plan presupuestario de forma que lo que buscamos es tener siempre un balance positivo y nunca esperar un resultado negativo ya que nos haría sentir defraudados y desanimados, teniendo como objetivo aquello que deseamos lograr en ese tiempo que nos hemos propuesto.

¿Cuáles diferencias existen entre el presupuesto de una empresa particular y el de una organización o institución del estado? A simple vista parece ser fácil la respuesta a esta pregunta pero realmente uno de los puntos claves de dicha respuesta es el ingreso y el egreso o gasto como se mencionó en un ejemplo anterior. Las instituciones del estado al igual que las empresas privadas buscan cumplir metas u objetivos pero con una clara diferenciación: están sujetas a un plan de costos y por lo tanto están ligados a un recurso mucho más importante que los bienes materiales y se trata del personal humano y calificado. Sin este recurso las organizaciones e instituciones serían incapaces de funcionar adecuadamente y no tendrían éxito en lograr sus objetivos.

Si un vendedor de comida en la calle no tomara en cuenta la ocurrencia de los demandantes en un lugar donde quisiera ofertar y colocar su producto obviamente le sería muy difícil lograr sus objetivos de ventas y eso le acarrearía un fracaso inevitable y por lo tanto una pérdida que se verá reflejada en sus ingresos.

El factor humano como recurso es importante para establecer el límite de acción de los planes planteados para el logro de los objetivos.

Otro punto a tomar en cuenta es el determinar cuánto de responsabilidad tocará entre los miembros de una organización para el logro final de los objetivos. Si no están claro usted y su equipo sobre lo que deben lograr, para qué lo deben lograr y cómo lo van a lograr, de seguro se estará creando un ambiente inestable para la dirección y control de las acciones planteadas desde un principio.

Empecemos entonces a preparar con práctica en nuestra vida diaria cómo elaborar un presupuesto y mejorar nuestras finanzas.

Tema 1: Determina tus ingresos y gastos.

¿Cuántos ingresos generas al mes? Suele ser una pregunta muy difícil de responder pero si te atreves a determinarla deberás también definir cuánto de ganancia neta podrás obtener al cabo de ese tiempo. Una vez lograda la respuesta a la primera pregunta, podrás después calcular cuánto destinar a los gastos que en el próximo tema estaremos tratando. Para determinar con precisión tus ingresos, debes registrar ordenada y organizadamente el dinero que ganes por tu esfuerzo y el tiempo que te ha llevado ganarlo. Tu trabajo vale, siempre y cuando esté delimitado en un espacio de tiempo que dará la definitiva característica a dicho trabajo.

Empieza con los ingresos de mayor beneficio, es decir aquellos cuyo valor es mayor en el tiempo de estudio indicado, que está dentro de un mes, luego aquellos de menor valor tomando como referencia al de mayor valor. Una vez elaborada esta clasificación, se recomienda hacer una sumatoria a lo largo de todo el mes tomado tiempo delimitante para nuestro registro de ingresos, a lo que denominaremos: registro mensual de ingresos o registro de ingresos del MES X.

Cabe la importancia de destacar la accesibilidad a tus ingresos, aunque no lo creas, muchos de los ingresos al igual que los pagos que se pueden realizar en una tienda o comercio, pueden darse de distintas formas: depósito bancario, efectivo en moneda corriente, cheques, etc. Estas distintas formas de percibir el pago de tus trabajos, hace que de algún el ingreso no sea "real". Si te das cuenta, cuando te depositan un dinero, el mismo podría estar condicionado al cobro de comisiones por parte del banco, lo que hace que tu ingreso disminuya poco a poco. No se quiere ni se pretende dar a entender que los bancos son malos para tus ingresos, al contrario, suelen ser una mejor forma de poder planificar tu vida financiera y establecer mejores proyectos económicos. La finalidad de esta información es determinar la realidad de los ingresos percibidos, tomemos un ejemplo: Suponga que le pagan un trabajo en una moneda que no es la oficial en su país, obviamente al cambiarla a su moneda local tendrá un precio que al final determinará cuál ha sido el pago a recibir realmente. Esto es cierto para las personas que cuando cobran algún servicio o bien en monedas extranjeras tienen una expectativa del costo de su dicha moneda y por lo tanto queda condicionada al movimiento de la oferta y la demanda de precios de dicha moneda.

Consecuentemente, muchas personas que perciben ingresos en moneda extranjera se arriesgan a que el precio de esa moneda sea favorable para el cambio a su moneda local y recibir un mayor ingreso. Obviamente, esto no es caso muy común en aquellos países donde existen regulaciones para el ingreso de otras monedas que no sean las oficiales.

Ahora que ya puedes determinar cuáles son tus ingresos (entradas de dinero), entonces podremos determinar los egresos que van a ser tan importantes como los ingresos, de hecho, sin ellos no sabremos cuáles son nuestros beneficios netos reales y exactos.

Los gastos o egresos son tan complejos como nuestras emociones y necesidades, por esto debemos tener una mayor precisión para el registro y descripción de dicha información. Fundamentalmente, según los textos administrativos de uso común en las universidades, los egresos o gastos deben ser establecidos según una escala de categorías por prioridades e importancia. Así tenemos gastos que son prioritarios, es decir que obligatoriamente debemos pagarlos o sino nos será mucho más difícil llevar a cabo nuestros objetivos en el plazo que determinemos, y otros tipos de gastos que aunque no sean tan necesarios suelen formar parte del conjunto de gastos que se derivan de los prioritarios.

Considere como egreso prioritario los servicios básicos del hogar: luz, agua, teléfono, gas, alimentos, préstamo de vivienda, arriendo/alquiler en habitación, departamento o casa. Mientras que los no prioritarios, los cuales podríamos denominar como secundarios, pueden ser transportes, vestidos o ropa, calzados, pago de comisiones o trabajos externos como reparaciones, rentas de planes de celulares, cable tv, internet, comidas fuera de la casa y otros. De estos últimos tipos de gastos derivan unos que son muy temidos y provocan disminución en el ingreso personal de trabajadores, son los denominados "gastos hormigas" y deben ser cuidadosamente examinados y evitarlos es una obligación para cualquier persona que necesite mejorar y precisar efectivamente sus registros de ingresos. Estos gastos representan un 15% de nuestros gastos totales y sumados generan pérdidas que afectan nuestra capacidad de ahorro e inversión. Un ejemplo de este tipo de gastos lo representan aquellos que se hacen por "antojo" o capricho ante situaciones o momentos que no son imprescindibles y que solo generan placer y satisfacción superficial, es el caso de pagar por un taxi cuando en realidad se puede recurrir a servicios más económicos, las visitas al cine por la satisfacción y placer de ir a ver la última película de estreno, el pago de comisiones por atrasos en el pago de tarjetas, servicios básicos y otros. Y así existen otra serie de gastos de igual tipo que dañan nuestra iniciativa y utilidad monetaria.

Una vez hayamos registrado de forma determinante nuestros gastos, es importante hacer la sumatoria de esos gastos ordenándolos de mayor a menor. En la descripción de dicho gasto debemos tomar en cuento el período de recurrencia de este gasto: es decir, si se produce una o varias veces en el mes. En dado caso de tener más egresos que ingresos, no debemos desanimarnos, pues es allí cuando debemos tomar acción mediante un plan estratégico para ir eliminando aquellos gastos innecesarios y aumentar la capacidad de producir mayores ingresos.

Para elaborar las listas anteriores se pueden emplear hojas de resumen o de cálculo como las de los programas de oficina y registrar la mayor cantidad de información precisa posible para tomar decisiones que ayudarán a mejorar la situación que hayamos determinado. Es factible que toda esa información nos sirva de estudio para nuestra estrategia de desarrollo financiero y hará que pensemos mejor a la hora de gastar el dinero que arduamente y con mucho sacrificio nos hemos ganado.

Otra recomendación a la hora del registro de los gastos es clasificarlos de acuerdo a su necesidad, por ejemplo los gastos del hogar, gastos personales, alimentos, etc.

Tema 2. Decidir y emplear una herramienta de control.

Luego de registrar los egresos e ingresos, es hora de determinar con exactitud ¿qué o cuál herramienta de control será necesaria para disminuir los gastos y aumentar los ingresos? Simplemente se hace un cálculo sencillo para saber cuál es nuestro beneficio neto, en caso de ser positivo el beneficio, tendremos un superávit, de ser negativo será un déficit.

Si tenemos un superávit, la estrategia a utilizar dependerá de nuestras necesidades, para algunos, lo mejor sería invertir la ganancia obtenida de la resta de los egresos, para otros sería simplemente seguir un plan de ahorro para adquirir un bien necesario.

Una herramienta de control muy común es la lista de compras, otra es un presupuesto de producción o ventas si el caso es aumentar los ingresos.

Para otros, el control de su presupuesto se lleva a cabo mediante plantillas de registros actualizados de datos de egresos e ingresos.

Sea cual fuere la herramienta empleada la finalidad siempre será la de controlar bien sea los gastos y los ingresos generados en el tiempo requerido para tal fin.

Una vez más, al determinar si se producen más egresos que ingresos, lo primero es empezar a reducir aquellos de alta incidencia que hacen disminuir drásticamente el ingreso. Hay gastos que son fijos y no se pueden prescindir de ellos, sin embargo, podríamos buscar alternativas que hagan reducir su salida como por ejemplo comprar productos más económicos o en ofertas, viajar en un medio de transporte menos costoso que el habitual, evitar el uso excesivo de algún servicio importante en nuestro hogar, como el teléfono, la luz, el agua y otros. Existen otros gastos denominados los "gastos hormigas" cuya incidencia en el presupuesto son muy catastróficas y perjudican el bienestar personal y familiar, este es el caso de la alimentación fuera de casa, comprando en restaurantes o cafeterías. Las mejores herramientas de control para el registro de egresos e ingresos son las plantillas de recolección de datos en combinación con respaldos escritos o impresos por fechas de los gastos llevados a cabos en un período semanal o mensual.

Para emplear o aplicar dichas plantillas se necesitan de aplicaciones sofisticadas como las hojas de cálculo electrónicas, las herramientas de software de oficina son muy útiles para estos casos, dado a su versatilidad desde un enfoque computacional. También podrían emplearse registros realizados mediante bases de datos, así como se guardan los recibos, boletas y facturas de los consumos realizados de igual manera se pueden elaborar bases de datos que conectadas con aplicaciones gráficas nos podrían mostrar gráficos y sumatorias de todos nuestros gastos e ingresos distribuidos en un tiempo determinado por el sistema. Hay otras herramientas tan sencillas como las anteriores, como son los softwares de administración financiera y contable, que facilitan mucho más la tarea del registro sin necesidad de especificar los campos que se necesitan sino que dichos software toman todo lo necesario de acuerdo a la información suministrada por el usuario y la procesan en reportes y cálculos que luego son mostrados en pantalla a necesidad y requerimiento del operador.

Obviamente para quienes no confían totalmente en herramientas electrónicas pueden continuar empleando el lápiz y el cuaderno y allí encartar los respaldos necesarios para luego proyectar los resultados del registro con la finalidad de tomar decisiones que ayuden a mejorar los resultados obtenidos.

Usualmente muchos expertos recomiendan la visita al banco para consultar y obtener consejos financieros sobre su dinero, pero esto cuenta cuando usted posee un capital base para administrar sus finanzas. Sin embargo suelen haber personas que por iniciativa propia podrían prestar ayuda de forma gratuita a su interés de ahorrar y tener mejores resultados sobre su dinero a futuro permitiéndole consejos que luego podrá aplicar de forma razonada y basado en sus propios intereses, tal es el caso de nuevas formas de obtener ingresos por medio de pequeñas inversiones o incluso como llevar a cabo un plan de ahorro que le permitirá obtener excelentes resultados a futuro.

Volviendo al tema del software, nos encontramos con buenas opciones tanto online como offline, haciendo siempre referencia a que muchos toman en cuenta el total de los ingresos y el de los egresos para poder proyectar un consejo o referencia sobre la administración de sus finanzas. Una pareja muy productiva hace tiempo querían saber cómo era posible que sus ingresos se desvanecieran tan rápido, pudiendo haber tenidos ingresos muy buenos y regulares durante todo el año, se daban cuenta que luego de obtener un ingreso determinado gastaban aproximadamente el 90% de lo que generaban y no veían un progreso en sus ahorros, esto les acarreaba consecuencias muy negativas y por ende una alta tensión en sus relaciones. Luego de aplicar técnicas de registro y detectar en qué se iban sus fondos, pudieron tomar acciones más determinantes y así mismo lograron una meta de ahorro que fue creciendo cada vez más con el pasar del tiempo.

Todos esos detalles los pudieron comprobar mediante asistencia financiera y empleando software de administración financiera personal, cuidadosamente revisaron cada uno de sus egresos y mediante los cálculos que proveían, observaron detalladamente cuáles eran esos gastos excesivos y qué alternativas se podrían aplicar. Obviamente esa es la importancia de emplear herramientas tecnológicas ya que a la hora de buscar un período determinado, es más rápido obtener resultados y poder tomar decisiones que ayudarán a mejorar dicho problema. Claramente sabemos cuál es nuestro mayor problema: ¡nuestros ingresos desaparecen!, pero existen problemas mucho más interesantes que a la medida de nuestras investigaciones nos darán más luces y reflexiones sobre cómo se está evaporando nuestro ingreso y de qué manera podemos evitar que siga habiendo una “fuga” de ese ingreso que tanto esfuerzo le hemos puesto para obtenerlo. Es por eso que debemos desglosar nuestro mayor problema en pequeños sub problemas que permitirán definir de forma esencial las estrategias a seguir para lograr en un período establecido nuestra meta de tener más ingresos que egresos.

No es fácil querer darse cuenta de aquellos errores financieros que se cometen durante tanto tiempo y que aun tratando de mejorarlos no muchos logran en definitiva cortar con ellos y empezar a cambiar su forma de pensar y actuar con respecto al dinero. Es un reto para todas las personas donde la voluntad y el anhelo de mejorar deben prevalecer para que el triunfo sea sostenido de principio a fin.

Cabe mencionar en este apartado una herramienta descrita por Nóchez Bonilla en el sitio web de Gestiópolis, donde define una técnica llamada el "Árbol de Ingresos y Egresos", cuya técnica tiene como objetivo el observar entradas y salidas (ingresos y egresos) económicas que influyan de manera negativa en el presupuesto de cualquier persona o grupo social a través de un análisis apropiado para luego buscar y aplicar estrategias que permitan aumentar los ingresos (entradas) y disminuir los egresos o salidas. Lo más destacable de esta técnica es el énfasis que hace en la toma de conciencia que deben tener las personas que aplican dicha herramienta y estar dispuestos a cambiar hábitos de gastos y aplicar nuevas formas de obtener ingresos, como material lo que buscar es educar a aquellos que lo aplican incluso adaptando acciones de concientización sobre el medio ambiente y algunas otras tendencias ecológicas, así mismo se espera que se aplique en un entorno grupal, esto debido a que mientras más miembros familiares o conocidos nos apoyen en la labor de ahorro y presupuesto será más fácil tener la voluntad de seguir adelante y cumplir con el objetivo final que nos hemos propuesto. A continuación se describe en forma resumida cómo puede aplicarse en la vida real dicha técnica y qué tiempo necesitamos para su aplicación.

Inicialmente establecemos un área de trabajo tranquilo y con ambiente relajante que estimule la creatividad y la armonía de pensamientos, al participar varias personas en una sesión se recomienda que cada uno se ubique de acuerdo a su comodidad y libertad de desenvolvimiento, seguidamente se buscan materiales reciclables para la elaboración de la actividad, tales como tapitas de botellas, papel y cartón reutilizado o recuperado de otros elementos, maderas, lápices, bolígrafos y cualquier otro que sirva para comprender y registrar la actividad.

Al momento de hacer el dibujo o bosqueja se presentan las partes del árbol de la manera siguiente: raíces, que serán las entradas, el tallo, la persona o personas de donde devienen los ingresos y las ramas representadas por los egresos, el grosor y tamaño de cada sección o parte determina la importancia del ingreso o egreso, mientras más grueso mayor importancia posee. Una vez dibujadas las ramas y raíces del árbol, se procede a observar detenidamente con mente crítica tanto las raíces como las ramas para identificar posibles inconsistencias en cada parte sometiendo a reflexión el diseño planteado, de ese modo cada persona se hace a sí mismo un llamado de conciencia sobre la situación planteada y busca luego comprometerse en una solución viable para lograr fortalecer aquellas acciones que le harán llegar a una meta factible y sin pérdida de tiempo.

Por último, el participante hace una estadística y gráfica de lo observado para llevar a cabo cada uno de los pasos requeridos y anotando aquellas consideraciones necesarias para cumplir su proyecto.

Al final, el propósito de emplear alguna de las herramientas mencionadas anteriormente es simplemente la de poder controlar el presupuesto personal o familiar, incluso el de una empresa pequeña en particular debido a su estructura microeconómica de funcionamiento, son ejemplos bien sentados para la aplicación del control del presupuesto.

Desde ahora, solo toca probar y adaptar cada herramienta de acuerdo a las necesidades y prioridades establecidas para su estudio financiero.

Para concluir, la importancia que tiene la herramienta empleada será siempre la de hacerle reflexionar sobre su capacidad de resolver el problema de los egresos frente a los ingresos que percibe. Dado que el mayor problema siempre lo representarán los egresos, se hace necesario que pueda tomar conciencia y descubrir por voluntad propia aquellos que le han perjudicado y disminuirlos de una vez por todas estableciendo acciones que serán llevadas a cabo paso a paso para lograr el equilibrio económico deseado con miras a desarrollarse y realizarse de forma personal.

Tema 3. Utilizar una estrategia de ingresos y disminución de gastos en caso de déficit.

Anteriormente se comentaba del registro y control de egresos e ingresos. Se hizo especial énfasis en los egresos debido a la particularidad de afectar los ingresos y provocar consecuencias muy negativas en el entorno de cualquier persona, institución o empresa. Tomaremos en cuenta el hecho de que al estar afectados negativamente por los egresos, debidamente analizado por nuestros registros realizados, emplearemos algunas estrategias que harán de nuestro ingreso mucho más estable y con la opción de invertir en posibles opciones a futuro.

Una vez determinado y comprometido a cambiar su situación económica de déficit a superávit, entonces procederemos a establecer aquellas acciones que harán esta realidad y en el tiempo determinado. Analice cada gasto minuciosamente y establezca un patrón de recurrencia de dicho gasto, determine qué tan necesario es utilizar el dinero en esto y colóquelo en una lista de prioridades para luego buscar alternativas que le permitan reducirlo o sustituirlo por otro que requiera menos salida de dinero.

Se debe empezar a determinar cuáles de sus gastos fijos pueden ser disminuidos y reducirse de forma significativa. Si realmente necesita dinero adicional, es posible que desee considerar trabajar en un trabajo a tiempo parcial, mudarse a un apartamento de alquiler más bajo, conseguir un compañero de habitación o alquilar una habitación en su hogar a un huésped. Puede haber otras ideas de ahorro necesarias para ir haciendo realidad su meta, siempre habrá alternativas para todos esos gastos que parecen inevitables. Suponga que desea ahorrar en el gasto de electricidad, entonces debe empezar a tomar conciencia en dónde se consume mayor energía eléctrica en su hogar, puede ser alguna cocina eléctrica, un horno de microondas, alguna bombilla que permanece encendida por mucho tiempo, el uso de aparatos de excesivo consumo eléctrico hacen que la factura de consumo se eleve y obviamente tendrá más de qué preocuparse si no toma acción en definitiva. Al principio le puede costar desprenderse de algunos servicios innecesarios tales como el plan de internet de su celular si ya tiene uno incluido en su teléfono fijo o en la televisión por cable, lo mismo puede hacerse con el consumo del agua, al igual que aquellos gastos personales que suceden mientras estamos cumpliendo con otros como por ejemplo comprar cosas innecesarias durante las compras del mercado.

Si todavía tiene problemas para llegar a fin de mes, asegúrese de priorizar cosas como su hipoteca o el pago del alquiler y los pagos de su automóvil sobre la deuda no garantizada, como las tarjetas de crédito. Lo último que desea es perder su casa o automóvil. No pagar las facturas de su tarjeta de crédito dañará su puntaje de crédito, pero también hará que sus acreedores estén más dispuestos a negociar con usted un plan de pago asequible. Si lo prefiere, puede trabajar con una agencia de asesoría de crédito sin fines de lucro para negociar un plan de pago de deuda en su nombre.

El objetivo es pagar eventualmente toda la deuda que le está costando más en intereses de lo que razonablemente podría esperar ganar invirtiendo ese dinero. Para un inversor conservador, sería alrededor del 4%, 6% para un inversor moderado y 8% para alguien más agresivo. Si la tasa de interés está por debajo de eso, puede considerarse una buena deuda.

Una vez que sepa que puede cubrir todos sus gastos, asegúrese de pagarse a sí mismo antes de pagarle a alguien más, ya que ahorrará automáticamente algunos gastos no mensuales como vacaciones y días festivos, así como las emergencias que eventualmente surgirán. Idealmente, también querrá hacer un cálculo de jubilación para asegurarse de que está ahorrando lo suficiente para la jubilación, pero por ahora, al menos, intente poner suficiente en el plan de jubilación de su empleador para obtener los fondos equivalentes que están disponibles para usted. Eso es dinero gratis que no quieres dejar sobre la mesa.

Ahora que se cubren sus gastos básicos y sus necesidades de ahorro, ya sabe cuánto dinero tiene para gastar sin culpa en lo que quiera, como ir de compras, comer fuera y divertirse. Usted y su cónyuge pueden tener esa cantidad en efectivo cada mes, pero cuando se agota el dinero, desaparece hasta el mes siguiente.

Cualquier cosa que no gastes puede ser transferida. La clave para la felicidad conyugal es que ninguno de ustedes puede cuestionar cómo gasta el otro su asignación.

Después de realizar este ejercicio, nuestra persona que llamó a la línea de ayuda descubrió que él y su esposa podían vivir dentro de sus posibilidades simplemente comiendo menos. También pueden usar su próximo bono y una pequeña herencia para pagar su deuda de tarjeta de crédito en 3 años. Eso liberará dinero que pueden usar para sus otros objetivos, como ahorrar para la jubilación y hacer algunas mejoras en el hogar.

La idea es controlar su futuro financiero. Después de todo, sabes lo duro que trabajas por tu dinero.

A algunas personas les cuesta motivarse para ahorrar, pero a menudo es mucho más fácil si se establece una meta.

Su primer paso es tener algunos ahorros de emergencia: dinero para recurrir si tiene una emergencia, como un colapso de la caldera o si no puede trabajar por un tiempo. Intente obtener un gasto de tres meses en una cuenta de acceso fácil o instantáneo. No se preocupe si no puede guardar esto de inmediato, pero manténgalo como un objetivo al que apuntar. La mejor manera de ahorrar dinero es pagar algo de dinero en una cuenta de ahorros cada mes. Una vez que haya reservado su fondo de emergencia, los posibles objetivos de ahorro a considerar pueden incluir:

- Comprar un auto sin pedir un préstamo.
- Tomar vacaciones sin tener que preocuparse por las facturas cuando regrese.
- Tener algo de dinero extra para usar mientras está de baja por maternidad o paternidad.

A medida que sus ahorros comienzan a crecer, puede:

- Poner más dinero en su pensión. Es una excelente manera de asegurarse de que podrá vivir más cómodamente más adelante en la vida.
- Hacer un plan de inversión basado en sus objetivos y plazos.

- Mantenga registros de todos sus depósitos y compras. Registre cada uno en su registro de cheques, que el banco le proporcionará.
- Imprima o descargue su extracto bancario mensual si aún no recibe uno por correo. Si está haciendo todo en línea, hay un software que puede facilitar este paso, y el presupuesto.
- Haga sus propios cálculos de depósitos y retiros para asegurarse de que su banco no se haya perdido nada ni se haya liberado de su dinero. Concilie línea por línea, asegurándose de que su registro de cheques sea el mismo que el estado de cuenta.
- Encuentre el número final de cada estado de cuenta mensual y trabaje hacia atrás, verifique qué se ha borrado y qué no. Los depósitos que no se hayan liquidado deberán sustraerse de su saldo. Si sus cheques no se han liquidado, deberán volver a agregarse a su saldo hasta que lo hagan.

Vaya línea por línea y tenga en cuenta las tarifas que le cobren. Verlos de cerca puede solicitarle que llame y solicite que se eliminen algunos, lo que los bancos a menudo harán si persiste. Además, agregue los centavos de interés que haya recibido.

Una vez más, si tiene acceso a una computadora, o incluso a un teléfono inteligente, este proceso puede automatizarse utilizando software o aplicaciones financieras, lo que le ahorrará tiempo y frustración. El objetivo es revisar su flujo de caja, buscar errores y aprender de lo que ve.

Después de haber tenido la oportunidad de controlar sus ingresos y gastos durante un mes o dos, estará más al tanto de las áreas que deben ajustarse. Tal vez sus estimaciones de ingresos mensuales iniciales estaban apagadas, o tal vez no tuvo en cuenta los gastos como reparaciones de automóviles o facturas veterinarias. Realice ajustes, pero siempre equilibre las entradas con las salidas.

Una vez que resuelva todos los problemas de su presupuesto, debe comprometerse a seguirlo. Sin embargo, no hay presupuesto para siempre, por lo que las revisiones periódicas son clave para el éxito.

Si obtiene una promoción, por ejemplo, puede aumentar sus gastos discrecionales y sus objetivos de ahorro. Por otro lado, un despido o menos horas de trabajo podrían significar reducir el gasto hasta que restablezca sus ingresos.

Los ahorros deben ser parte del plan. Los planificadores financieros recomiendan que sus ahorros cubran seis meses de ingresos, suficientes para compensar la pérdida de empleo u otra emergencia. Puede que le resulte útil abrir una cuenta de ahorro separada y financiarla gradualmente hasta alcanzar la meta. Mantener una cuenta separada hará que sea más difícil asaltar el fondo de emergencia para cubrir elementos no esenciales.

Como se mencionó, un fondo de emergencia es crucial para la seguridad financiera. Comience reservando 20 pesos por semana. En un año, tendría 960 pesos, más cualquier interés, para cuando el refrigerador deje de funcionar o cuando la transmisión explote.

Los expertos recomiendan mirar sus retenciones de impuestos para encontrar efectivo oculto. Si recibe un reembolso grande cada año, tal vez necesite cambiar su estado civil para recibir dinero adicional en su cheque de pago para destinarlo a un fondo de emergencia. A menos que, es decir, esté poniendo sus fondos de declaración de impuestos en ese mismo fondo.

Las crisis médicas en particular pueden dar la vuelta a un presupuesto equilibrado. Negocie grandes gastos médicos, como una hospitalización de emergencia, con el hospital. Casi todos los hospitales negocian tarifas. A menudo, si se contacta con ellos de inmediato en lugar de esperar hasta que el monto entre en cobranza, el hospital o el consultorio del proveedor pueden establecer un plan de pago.

Si no, una consolidación de facturas médicas puede ayudar, ya que le permite combinar todas sus facturas médicas en una factura mensual más baja a través de una agencia o un préstamo bancario. Esto no solo lo hace más fácil para usted, sino que el acuerdo protege su puntaje de crédito porque puede realizar pagos a tiempo. La desventaja es que puede llevarle más tiempo pagar su deuda en su totalidad.

Crear un presupuesto es el primer paso, pero mantener el presupuesto es donde comienzas a ver un crecimiento real en ti mismo y más duración de tu dinero. Cumplir con un presupuesto puede ser una tarea difícil para las personas que no están acostumbradas a gastar con límites o autodisciplinarse en sus finanzas, por lo que es importante mantener una actitud positiva hacia el proceso.

Mantenerse motivado puede ayudar a aliviar algunas de las presiones del presupuesto. Considere como algo no negociable el reservar una porción de dinero mes tras mes para poder esperar unas vacaciones relajantes al final del año. Finalmente, establezca metas realistas y alcanzables. Comience lentamente y desarrolle un plan que funcione para usted y su estilo de vida.

Siempre debe recordar la importancia de diferenciar entre lo que se desea y lo que se necesita. Es posible que no pueda obtener las cosas que desea, pero si lo intenta, obtendrá lo que necesita.

¿Cómo se separan los deseos de las necesidades y por qué molestarse? Para muchos de nosotros, saber dónde trazar la línea puede significar la diferencia entre crear un presupuesto exitoso e ir a la quiebra. Entonces, ¿cuál es la diferencia? La mayoría de las necesidades son sinónimos de gastos no discrecionales. Incluyen refugio, que exige el pago de la renta o una hipoteca, y alimentos, que resultan en facturas de comestibles. Hay muchos otros artículos que son básicos y no negociables, pero la categoría no negociable deja espacio para elegir.

Por ejemplo, si necesita un automóvil para ir a trabajar, puede comprar un vehículo usado o uno nuevo. La diferencia de precio es enorme, y una marca menos costosa seguramente impresionará a sus amigos y ofrecerá una excelente experiencia de manejo. La pregunta es ¿qué puede pagar? Si gana 50,000 al año, el auto usado podría ser suyo sin estirar sus finanzas. Pero si se lleva a casa 4,000, es mejor quedarse con el usado.

La misma regla se aplica a la vivienda: ¿debe alquilar un apartamento de una habitación o comprar una casa de 40,000? Una vez más, ambos ofrecen refugio, pero a costos radicalmente diferentes.

También existe la diferencia entre las necesidades y los elementos por los que podría vivir sin ellos. Piense en tomar unas vacaciones en Tailandia en lugar de una semana conduciendo a parques estatales cerca de su hogar. Ambos pueden ofrecer lugares satisfactorios y relajantes para pasar su centro, pero los costos son radicalmente diferentes. También piense en la compra por impulso. Digamos que va a la tienda de mejoras para el hogar para comprar un poco de fertilizante para el césped y se va con una cortadora de césped que no había planeado comprar. Es posible que necesite una nueva empresa de mudanzas, pero es una buena idea investigar modelos y precios antes de reducir su dinero.

Conocer la diferencia entre deseos y necesidades es la clave para un presupuesto exitoso. Puede hacer un presupuesto para algunas compras impulsivas o actualizaciones de productos, pero comprenda lo que está haciendo, muestre moderación y siempre asegúrese de que su presupuesto se equilibre.

Tema 4. Empleo de plantillas de registros y manejo de ingresos estables proyectados en el futuro.

Los presupuestos son documentos vivos. Así como la vida cambia constantemente, las demandas de su presupuesto también cambian. Por esa razón, es bueno revisar regularmente su presupuesto para ajustarlo a los cambios en ingresos y gastos.

¿Qué deberías considerar? En el lado de los ingresos, debe hacer ajustes si obtiene un aumento o recibe una ganancia inesperada como una herencia. Debe ajustar si pierde su trabajo o se muda a uno nuevo. Casarse o divorciarse requiere una reelaboración masiva de su presupuesto. Al igual que tener un hijo. A veces, los cambios son más pequeños o temporales, por ejemplo, un copago del seguro médico puede requerir un ajuste temporal.

No necesita revisar todo su presupuesto cuando se producen cambios. Su renta es renta, y es poco probable que cambie lo que gasta cada mes en su automóvil. Pero otras cosas son más flexibles. Si sus ingresos caen, podría comer menos. Si aumenta, podría ahorrar más, pagar la deuda más rápido o hacer una compra discrecional.

No existe una regla estricta sobre cuándo revisar su presupuesto. Algunos consultores financieros sugieren hacerlo constantemente, otros sugieren cada varios meses. Probablemente sea bueno considerar revisar su presupuesto cuando ocurran eventos que cambien la vida, y establecer intervalos para ajustarse a cosas más pequeñas como la inflación y los cambios en los costos fijos.

Debería considerar hacer del ahorro automático una parte de su presupuesto. ¿Qué es el ahorro automático? Es el dinero que reserva para financiar una cuenta de emergencia, pagar regalos de Navidad más adelante en el año o crear un fondo universitario para sus hijos.

El ahorro automático se maneja mejor mediante la retención de cheques de pago. Si está ahorrando para la jubilación y su compañía ofrece un plan, regístrese y se le retendrá dinero de su cheque de pago. Muchos empleadores también ofrecen planes de ahorro médico y de cuidado infantil, que generalmente están exentos de impuestos. También puede depositar su salario automáticamente en una cuenta corriente y luego transferir parte del pago a una cuenta de ahorros que no planea tocar.

Existen muchas estrategias para el ahorro automático. Hable con un asesor financiero para obtener más información sobre las opciones y la cantidad de ahorro que puede pagar. Una vez que implemente un plan, manténgalo. Los porcentajes variarán, pero si su empresa igualará las contribuciones a su plan, ahorre al menos la cantidad máxima que se igualará. Otros ahorros estarán determinados en gran medida por sus ingresos y gastos. Si necesita retener el 20% de su cheque de pago para cubrir el alquiler, asegúrese de hacerlo. Saber cuánto dinero necesita y ahorrar para ello le garantizará cubrir sus gastos y prepararse para el futuro.

Los expertos financieros han presentado porcentajes recomendados de gasto para ayudar a las personas a presupuestar por primera vez. Por ejemplo, se sugiere que no gaste más del 30% de su ingreso bruto mensual en vivienda, ya sea que esté alquilando o poseyendo.

Los automóviles son el próximo gasto más grande para los consumidores y probablemente la mayor tentación de gastar de más. La mejor idea es seguir gastando entre el 10% y el 15% de sus ingresos mensuales. Cualquier cosa más allá de eso te estira, especialmente si surge una emergencia financiera.

Los préstamos estudiantiles pueden ser otra variable en su presupuesto mensual. Existen varios planes de pago basados en los ingresos que limitan sus pagos al 10-15% de sus ingresos. Es un número seguro, pero a menudo extenderá los pagos unos años y terminará costándole una pequeña fortuna en los cargos por intereses. Intente usar el 20% de su presupuesto, especialmente si no tiene un pago de automóvil o está dividiendo el alquiler con los compañeros de cuarto.

Otros porcentajes sugeridos para gastos corrientes incluyen utilidades (10%); comida (10-15%) y ahorro (10-15%).

Debe comprometerse a mantenerse dentro del presupuesto hasta que vea resultados o estabilidad. La mejor manera de lograr esto es crear un plan anual que cubra sus costos fijos, como el alquiler y el pago del automóvil, sus costos estacionales, como regalos y vacaciones, y sus costos discrecionales, como comer en restaurantes y comprar ropa. Trabaje todas estas cosas en una proyección de 12 meses y sígalas al pie de la letra.

Si encuentra fallas en el plan o si cambia su flujo de efectivo, puede modificarlo. De lo contrario, intenta quedarte con él. Considere usar software o aplicaciones de presupuesto para ayudarlo. Si se disciplina, se sorprenderá a medida que se paguen las deudas, crezcan los ahorros y se satisfagan sus necesidades.

Un enfoque de pronóstico para el presupuesto puede incluir métodos de abajo hacia arriba, de arriba hacia abajo, de origen público y basados en cero, por nombrar algunos. Las metodologías para cada uno se pueden dividir en si son cualitativas o cuantitativas. Cualitativo está marcado por el juicio del propietario del presupuesto, mientras que cuantitativo se basa más matemáticamente. En consecuencia, tanto las metodologías de pronóstico cualitativas como las cuantitativas tienen sus respectivas fortalezas y debilidades.

El sesgo puede afectar significativamente la utilidad de las técnicas de presupuestación, por lo que es importante considerar los aspectos políticos de un método. Ya sea que la necesidad de un vendedor sea "jugar con el sistema" para aumentar las probabilidades de alcanzar el bono o que la alta gerencia necesite alcanzar objetivos para apaciguar a los inversores, el sesgo a menudo estresará el proceso de presupuestación.

Los métodos cuantitativos simples también tienen sus puntos débiles. Con un cliente mío reciente, durante su presupuesto, estaba utilizando el crecimiento porcentual mensual promedio del año anterior para pronosticar las ventas de productos. Si bien este es un enfoque muy razonable, señalé que el crecimiento porcentual cayó durante el año. El uso de ese promedio anual completo podría conducir a un pronóstico agresivo sistemático si la tendencia continúa o incluso se estabiliza.

Como opinión personal, los procesos cuantitativos son la mejor opción para combinar con procesos cualitativos, ya que ayudan a verificar los supuestos de verificación de errores basados en los problemas anteriores. Recomiendo una base cuantitativa, ya que es rápida y relativamente imparcial. También explora las relaciones "definitorias de funciones" de la compañía entre gastos e ingresos, así como las tendencias de crecimiento. Dichos métodos también son más útiles para la planificación de escenarios y pueden ser una buena base para la evaluación comparativa y las previsiones continuas.

Como la situación financiera de cada persona es diferente, puede encontrar que no todas las categorías en las hojas de cálculo son aplicables a sus ingresos o gastos. Incluso puede reconocer que algunos meses son diferentes a otros, pero después de realizar algún ejercicio debería descubrir que está más preparado para esos cambios y que también está contabilizando los gastos imprevistos.

Aunque un ciclo de presupuesto mensual es generalmente el plazo más razonable para establecer un presupuesto inicial personal o familiar, existen muchas fuentes de ingresos y gastos que no siguen perfectamente un cronograma mes tras mes.

En ese caso, calcule cómo eso suma más de un mes y escríbalo en la fila y columna apropiada. También puede tener ciertos gastos esperados o incluso recurrentes que ocurren con mayor o menor frecuencia que mensualmente. Para contabilizar esos gastos (como el seguro de automóvil) en su presupuesto mensual, simplemente calcule el gasto total para el año calendario y divídalo entre 12 para encontrar el gasto "mensual". Escribe ese número en la fila y columna apropiada.

Para comenzar, reúna todos los estados financieros relevantes, como sus talones de pago, facturas de tarjetas de crédito y cualquier otra información que lo ayude a hacer la mejor y más precisa estimación de sus ingresos y gastos esperados.

Para comenzar su presupuesto, complete la columna del monto del presupuesto mensual en la Hoja de cálculo de gastos lo mejor que pueda para el próximo mes. Si una determinada categoría no se aplica a usted, simplemente puede dejarla en blanco o ingresar un cero (0) en el cuadro.

En el transcurso del mes, realice un seguimiento de sus ingresos y gastos. Al final del mes, complete la columna "Monto real mensual" y compárela con sus estimaciones originales. Es posible que haya sobreestimado la cantidad que gastaría en ropa, pero subestimó la cantidad que gastaría comiendo fuera. Registra la diferencia.

No necesita realizar este ejercicio todos los meses, pero es extremadamente útil al principio, ya que le ayuda a desarrollar el presupuesto mensual más preciso para hacer referencia en el futuro.

Cuando se trata de dinero para objetivos a corto plazo, los expertos en finanzas dicen que las personas deberían centrarse en ahorrar en lugar de invertir. El dinero necesario en menos de tres años debe protegerse de la volatilidad del mercado.

"La inversión a corto plazo es donde la gente comete errores", dice Oliver Lee, propietario del Grupo de Planificación Estratégica en Lake Orion, Michigan. "Ven la luz brillante que dice el 6 por ciento y entran". Sin embargo, esos tipos de devoluciones generalmente requieren que las personas asuman riesgos que no deberían con el dinero que se necesitará en breve.

Para objetivos a corto plazo, pruebe una de las siguientes inversiones a corto plazo:

- Cuentas de ahorro de alto rendimiento.
- Fondos de bonos a corto plazo.
- Fondos de renta fija.
- Apuntes estructurados y otros.

La gente debería olvidarse de invertir el dinero necesario en menos de un año. En cambio, encuentre una cuenta de ahorro de alto rendimiento para mantener el dinero seguro y a la vez disponible tan pronto lo necesita usar. El dinero en una cuenta de ahorros está asegurado y, por lo tanto, está a salvo de cualquier pérdida. Las cuentas del mercado monetario son otra opción de inversión a corto plazo. "Si bien la Fed está bajando las tasas actualmente, hay muchos fondos del mercado monetario que proporcionan un rendimiento razonable para el efectivo a corto plazo", dice Lockyer. Pueden ofrecer un interés comparable a algunos otros y vienen con menos restricciones. Sin embargo, es posible que solo se le permita hacer un número limitado de retiros de la cuenta cada mes.

Del mismo modo, los fondos de renta fija ofrecen una forma relativamente estable de obtener un rendimiento mayor que el ofrecido a través de cuentas de ahorro o del mercado monetario. Muchos de estos fondos incluyen bonos, pero también pueden incluir otros valores. Los fondos de renta fija no ofrecen mucho en cuanto a ganancias, pero están diseñados para minimizar el riesgo y limitar las pérdidas en un mercado a la baja para que puedan hacer buenas inversiones a corto plazo.

Michael Windle, un profesional certificado en ingresos de jubilación y propietario de C. Curtis Financial en Plymouth, Michigan, dice que las personas a veces cometen un error al pensar que necesitan ahorrar miles de dólares antes de poder invertir en ingresos fijos u otros fondos del mercado. "En lugar de depositar dinero en una cuenta de ahorros, simplemente póngalo en [inversiones]", dice. Hacer esto puede ayudar a mejorar el rendimiento general.

Para obtener dinero que no se necesita durante al menos tres años, considere colocar al menos una parte en acciones del mercado de valores. Como la mayoría de los mercados bajistas duran de nueve a 16 meses, alguien que invierta con un horizonte temporal de cinco años puede permitirse el riesgo de un mercado a la baja. Es probable que sus inversiones se recuperen antes de que se necesite el efectivo. Sin embargo, para estar seguros, las personas deben comenzar a transferir dinero a fondos de renta fija y bonos a medida que se acerca a cuándo se utilizará para el propósito previsto.

Mark Charnet, fundador y CEO de American Prosperity Group, una firma financiera con sede en Pompton Plains, Nueva Jersey, dice que los trabajadores deben ser conscientes de cuánto tiempo tienen para compensar las pérdidas que generan. También necesitan trasladar su dinero a inversiones más conservadoras y menos riesgosas a medida que se acercan a la jubilación.

Debe tomar en cuenta que para mejorar sus ingresos o entradas debe siempre asumir el ahorro como método de previsión en caso de que surja una necesidad obligatoria. De este modo usted se estará protegiendo de aquellos gastos imprevistos los cuales siempre surgirán de algún modo u otro haciendo desajustes en sus ingresos y por ende del presupuesto fijado en su plan.

Conclusión

Al definir claramente el concepto de presupuesto, la utilidad y su importancia, hemos también identificado diversos tipos de presupuestos que se pueden aplicar de acuerdo al tipo de organización. Las herramientas mencionadas serán clave para pautar una mejor aplicación teórico - práctica en los procesos administrativos de cualquier empresa o de manera personal. De tal forma que conocer los principales conceptos asociados a los presupuestos le serán de mucha utilidad para elaborar predicciones de sus ventas, recursos, producción, finanzas, tiempo, optimización y cualquier otra actividad asociada con el ciclo normal de su vida o de su empresa.

Emprender inicia precisamente por evaluar nuestra vida, las acciones que nos ayudan y las que nos perjudican. Ciertamente a veces resulta difícil aceptar o identificar qué cosas cotidianas nos perjudican impidiendo nuestro avance en la consolidación de nuestras metas, es allí donde la toma de decisiones efectivas marcará la diferencia entre avanzar o detenerse. Las cosas no llegan a nuestras manos de forma mágica, resulta necesario iniciar por nuestra paz interior para garantizar decisiones acertadas y justas tanto para nosotros como para los demás. Generalmente al obtener un ingreso viene el dilema entre aquello que nos gusta y aquello que realmente necesitamos. En tal sentido debemos organizar la distribución equitativa entre las necesidades básicas y un fondo de dinero (ahorro) para cubrir emergencias no previstas que pueden o no surgir hoy o en un futuro. De igual manera, es muy importante guardar una cantidad de dinero mensualmente con el objetivo de prepararse para una futura jubilación.

Cada día representa un nuevo milagro de vida y esperanza especialmente cuando se trata de responder a la dinámica de una sociedad en constante crecimiento, es así como los retos representan una realidad a la cual debemos adaptarnos con la clara convicción de crecer en lo espiritual, en lo familiar y por supuesto en lo financiero, puesto que sólo de esta forma ganaremos espacios tanto de crecimiento como de paz. Al estar tranquilos seremos más productivos en nuestros espacios de trabajo, más exitosos al ser cautelosos en la toma de decisiones realmente efectivas y más seguros en nuestras relaciones interpersonales.

Los gastos no deben agobiarnos ya que pueden organizarse para cubrir las necesidades sin caer en deudas excesivas que comprometan las utilidades de fin de año. De esta forma podemos equilibrar los servicios públicos de nuestra vivienda principal (agua, electricidad, teléfono, gas, aseo, internet, residencia, entre otros), además debemos incluir la alimentación, salud, transporte, esparcimiento, este último aunque no es una prioridad sí es necesario porque así podemos compartir un momento agradable junto a nuestro grupo familiar generando un ambiente de integración, no con ello quiero decir que debe ser un gasto ostentoso que comprometa todo el ingreso, puede incluso ser una comida en casa diferente al resto de los demás días, una salida al parque o simplemente un helado, es obsequiar una sonrisa a nuestros pequeños, eso nos dará alegría y ánimo en los momentos difíciles.

Además dentro de nuestra organización no debemos olvidar los chequeos rutinarios de salud lo cual disminuirá enormemente tratamientos costosos que nos afectan tanto psicológicamente como económicamente ya que allí vuelve a presentarse el dilema atiendo mi salud o los gastos fundamentales de nuestro grupo familiar. Ahora bien debes tener presente que si olvidas comer, descansar, tomar vitaminas, e ir al médico por chequeos de rutina ya no podrás ser el punto de apoyo de tu familia sino una preocupación al caer convaleciente en cama. Si bien es cierto que algunas enfermedades aparecen y poco podemos hacer para evitarlas, también es cierto que un buen estado de ánimo y cuidarnos adecuadamente disminuirá las posibilidades de enfermedades graves al ser diagnosticadas a tiempo, ya que el mejor obsequio para nuestros seres queridos no es el teléfono más costoso, sino el calor de un abrazo cada día, una sonrisa al llegar y una palabra de ánimo en nuestros momentos más difíciles. Todos somos muy valiosos para los demás, no seas solo un recuerdo por no haber cuidado de tu salud a tiempo.

Hay que tener un equilibrio entre los ingresos y los egresos para no sobrecargar nuestra verdadera capacidad de pago, al darnos cuenta de nuestra realidad podremos reconocer si nuestras decisiones han sido acertadas o desafortunadamente hemos realizado gastos innecesarios. Reconocer las decisiones erradas es el primer paso para permitir un cambio significativo en nuestras vidas, y tomar las previsiones que nos permitirá cubrir gastos esperados y también los gastos inesperados los cuales pueden aparecen en cualquier momento y solo con serenidad podemos salir airosos de tales imprevistos. De igual forma el ahorro es una valiosa lección que debemos enseñar a nuestros pequeños desde sus primeros años de vida y esto lo empezamos a desarrollar con el ejemplo.

Existen gastos que pueden amortiguarse en varios meses, evitando de esta forma gastos excesivos en un solo mes, en tal caso podemos apoyarnos en el uso de tarjetas de crédito lo cual nos permite cubrir gastos e ir cancelando de manera progresiva en una cantidad accesible a nuestro presupuesto mensual, lo cual nos permitirá ir generando un antecedente positivo ante la entidad financiera en la cual tenemos nuestras cuentas bancarias, puesto que en caso de requerir un crédito extraordinario el secreto consiste en mantener un buen antecedente de pago lo cual demostrará que podemos adquirir nuevos créditos. Para ello debemos ser responsables al momento de cancelar sin esperar las notificaciones, el descuento directo de nuestras cuentas bancarias y menos aún ser clasificado como un cliente moroso.

Al observar nuestros compromisos de pago podemos organizarlos de acuerdo a la fecha de corte, así tendremos como prioridad cancelar algunos al inicio de mes y otros al finalizar el mes, demostrando de esta forma al prestador del servicio que tenemos la capacidad de cumplir en la fecha prevista los compromisos adquiridos, evitando preocupaciones por gastos no tomados en cuenta, para ello los reflejamos en una hoja indicando a la izquierda activos y a la derecha los pasivos por orden de importancia.

Un nivel de vida adecuado debe ser una prioridad, puesto que si nos alimentamos bien podemos ser productivos y disminuir el riesgo de enfermedades, en tal sentido también es necesario equilibrar el trabajo, el descanso y el compartir en familia, puesto que de nada sirve que cubras todas las necesidades económicas si no atienden las necesidades afectivas que diariamente están presenten en nuestro día a día, muchas veces las preocupaciones llegan a tal punto que no podemos conciliar el sueño lo cual afecta nuestra calidad de vida, las palabras claves son serenidad, sabiduría y firmeza. Serenidad al enfrentar las situaciones sin desesperarnos, sabiduría en la toma de decisiones y firmeza en mantener los cambios que nos permitan ser más felices y productivos. Ahorra no solo dinero sino también tiempo al realizar las tareas sencillas y cotidianas en el menor tiempo posible ya que eso disminuirá tus preocupaciones y aumentará tu tranquilidad al demostrar que el esfuerzo fue recompensado con éxito.

Este texto práctico ha tenido como misión hacerle comprender y valorar el tema del presupuesto como parte de los procesos administrativos dentro de la planificación, como un insustituible instrumento para predecir el rumbo de la empresa en base a supuestos que le permitan abrir el camino al éxito corporativo y empresarial para luego mejorar su vida financiera y establecer valores económicos para su desarrollo y avance en el mundo de los negocios. En forma general pareciera que el presupuesto representa mayormente los gastos que se pueden o deben realizar para lograr un objetivo de beneficio económico, recuerde que antes de la rigidez de un plan presupuestario es necesario tomar en cuenta el juicio que el planificador establece para definir el criterio de seguimiento sobre los objetivos de la organización.

Libro 2: Administración del Dinero

Conviértete en un Maestro en Poco Tiempo de Cómo Crear Presupuestos, Ahorrar Dinero y Salir de Deudas Mientras Que Construyes tu Libertad Financiera

Volumen 2

Por

Income Mastery

Introducción a la libertad financiera

Es de suma importancia armar un presupuesto real, tener buena actitud, organizarnos, tener metas, y mantenernos motivados. Ahora comencemos con el camino al ahorro, el pago de nuestras deudas y la libertad financiera. En este libro te enseñaremos cómo pagar tus deudas, ahorrar y construir tu libertad financiera. Sabemos que suena complicado, pero es más simple de lo que parece.

Comencemos pensando qué es la libertad financiera para ti. ¿Para qué quieres ser libre financieramente? ¿Quieres poder viajar cuando quieras? ¿Quieres ser tu propio jefe? ¿Quieres dejar de trabajar en un horario regular de oficina de nueve a cinco todos los días? ¿Quieres poder ahorrar para comprar tu departamento o casa en efectivo? Piensa exactamente para qué quieres tener esta libertad financiera y siempre tenlo en mente. Úsalo como tu mantra, acuérdate y piensa en eso que quieres lograr cada día. Visualízalo, escríbelo, llévalo escrito en tu agenda, escríbelo en tu agenda, piensa en esto y escríbelo todos los días y piensa en que vas a poder lograrlo. Es muy importante que creamos en nosotros mismos y estemos decididos y convencidos en que lo vamos a lograr. La mentalidad es realmente importante, debemos ser positivos y debemos saber que lo vamos a lograr, que el camino va a ser un poco complicado pero que lo lograremos. Debemos mantenernos siempre motivados y esforzándonos por cumplir lo que nos hemos propuesto.

Ahora que ya sabemos qué queremos hacer y por qué queremos hacerlo, es decir, por qué queremos esta libertad, tendremos una idea más clara de cómo y cuánto guardar en nuestro presupuesto. La cantidad que debemos guardar va a variar según nuestro objetivo, es decir, la cantidad de ahorros que debemos guardar va a tener que ser mayor o menor dependiendo de cuál va a ser nuestro objetivo.

Ten encuentra que podemos lograr la libertad financiera de varias maneras, no sólo ahorrando más dinero, también podemos generar más dinero. ¿Sabes cómo? Sigue leyendo que lo explicaremos con ejemplos, páginas y explicaremos diferentes maneras fáciles y rápidas de conseguir dinero de diferentes maneras, podemos conseguir trabajos aparte no necesariamente en una tienda o en una oficina, podemos también incrementar nuestros ingresos de otra manera.

Disfrutar de tu dinero teniendo dinero en el banco y pagando todas tus deudas ¿es posible? Por supuesto que sí, ¿podemos alcanzar la libertad financiera y disfrutar de nuestros dinero al mismo tiempo? La respuesta también es sí.

¿Sabes cómo ahorrar? ¿Alguna vez has tomado una pausa antes de hacer alguna compra? ¿Alguien te ha enseñado cómo ahorrar? ¿Sabes cómo gastar? Estas son preguntas fundamentales que debemos hacernos para poder conseguir la libertad financiera. Parece irreal la pregunta de si sabemos cómo gastar, pero la verdad, que muchas veces gastamos en cosas que no necesitamos, que ya tenemos o que nunca vamos a usar y solo las compramos porque pensamos que podrían ser prácticas y que podrían servirnos en algún momento. ¿Raro, no? ¿En qué estás gastando? ¿Por qué tienes tantas deudas? Estas son preguntas claves para poder cambiar nuestros hábitos y poder ser más conscientes de la forma en la que estamos manejando nuestro dinero. Saber cómo ahorrar y cómo utilizar nuestro dinero y más que nada nuestras tarjetas de crédito es de suma importancia. ¿Realmente sabemos cómo usarlas? ¿Sabes qué es lo que te está dando la tarjeta como beneficio? Mejor aún, ¿sabes realmente cuánto es la tasa de interés de tu tarjeta de crédito o cuánto debes pagar de membresía anualmente? La mayoría de las personas no lo saben y esto es vital para poder incrementar nuestros ingresos y poder tener un balance.

Ahora ¿cómo incrementamos nuestros ingresos y salimos de deudas si realmente no sabemos cuánto es lo que ganamos y gastamos?

Comencemos con lo primero y lo más importante para la creación de nuestros presupuesto, este es el camino para hacia la libertad financiera. Debemos realizar un análisis financiero meticuloso y ver realmente cómo estamos financieramente. Esto quiere decir, debemos ver cuáles son las deudas que tenemos, no importa qué tan pequeñas son, ni importa si podemos posponerlas, debemos saber cuáles son y ponerlas en nuestro presupuesto. Debemos ser realmente honestos con nosotros mismos y revisar hasta el mínimo detalle. Comencemos calculando realmente cuánto es nuestro ingreso. Para esto, debemos saber exactamente qué ingresos tenemos, pero esto debemos hacerlo de manera realista. Calculemos cuánto es nuestro ingreso fijo mensual, no hay que olvidar que este ingreso debe ser igual todos los meses y debe ser fijo. No podemos contar el dinero que creemos que vamos a recibir, es mejor siempre pensar que vamos a recibir menos en vez de aumentar este monto, de esta manera podemos guardar lo que nos queda para ahorrarlo o para un fondo de emergencia que es realmente importante. No te olvides de deducir tus impuestos de tu ingreso mensual y anual.

Ahora debemos seguir planeando y revisar los siguientes puntos, si ya sabemos cuál es nuestro ingreso fijo mensualmente real, ahora debemos saber en qué estamos gastando y a qué tipo de gastos nos estamos enfrentando.

Debemos separar nuestros gastos en dos grupos, comencemos con nuestros gastos fijos indispensables. Estos son los gastos no negociables para nosotros, aquellos que necesitamos para vivir, por ejemplo, la renta de nuestra casa o nuestro departamento, los servicios que debemos pagar del lugar donde vivimos como por ejemplo el gasto del agua, de la luz, nuestro celular y/o teléfono fijo, cable, comida para nuestra casa, gasolina para nuestro carro en caso tengamos uno, nuestro seguro de salud que es realmente importante, entre otros. Debemos saber cuánto son estos gastos mensualmente ya que son lo primero que debemos pagar, estos son los gastos de vida que si o si debemos pagar.

Por otro lado, también debemos analizar los gastos que no son indispensables. ¿Hay gastos no indispensables? ¿A qué nos referimos con esto? Sí, por ejemplo, si salimos al trabajo o salimos a pasear la cantidad de cafés que compramos cuando salimos, el sándwich de la cafetería, todos los restaurantes o deliverys que pedimos cuando nos da flojera cocinar. ¿Por qué decimos que estos son gastos que no son indispensables? Porque podemos reducirlos. Por ejemplo, si estás consumiendo un café al día los cinco días de la semana que estás trabajando y el café cuesta cinco dólares al día, a la semana son veinticinco dólares, al mes son cien dólares, al año son mil doscientos dólares en café. Así como lo leíste, esto es solamente uno de los ejemplos de algo que te ayudaría a reducir tus gastos que no son indispensables. Por ejemplo, si tienes Spotify Premium, si tienes una cuenta de Netflix, también tienes que pagar una suscripción. Digamos que entre estas dos suscripciones pagas veinte dólares al mes, en un año son doscientos cuarenta dólares que pagas solamente en netflix y en spotify. A eso añádele los mil doscientos dólares del café diario de la oficina, ya tienes mil cuatrocientos cuarenta dólares en gastos que podrías evitar. ¿Tanto dinero estoy gastando cuando salgo o por mi comodidad? Así es.

¿Por qué hablamos de comodidad? Porque en vez de escuchar Spotify podemos escuchar música en otros canales como por ejemplo en YouTube o inclusive podemos escuchar música en Spotify pero en el plan regular que no tiene costo. Lo mismo pasa con Netflix, podemos ver películas y series no solamente en Netflix, también podemos verlas si tenemos cable en nuestra casa o podemos buscar diferentes páginas web que tienen las mismas series y películas pero que no tienen ningún costo. Claro, la diferencia es que en

Netflix entras y buscas las series y para poder buscarla en una página de internet te vas a demorar por lo menos veinte minutos. Aquí debemos hacer un análisis racional y recordar que lo que queremos es más importante que ese tiempo buscando la película, es decir, nuestra libertad financiera no tiene precio. Debemos concentrarnos en por qué debemos ahorrar y por qué estamos realizando estas reducciones en suscripciones.

Ahora, con el dato de cuánto es nuestro ingreso real, no lo que pensamos que podemos ganar sino lo que realmente estamos ganando mensualmente y ya sabiendo cuanto son nuestros gastos indispensables y los no indispensables, debemos realizar la resta de nuestros ingresos menos nuestros gastos. Estos números deben ser reales para poder calcular bien este número. Te recomendamos que veas y busques los recibos del año pasado para que te des una idea de cuánto es lo que has gastado y, más importante aún, en qué. Esto nos va a cubrir en caso de que tengamos más consumos y en caso de que nuestra cuenta sea el número que hemos presupuesto o menos, podemos ahorrar ese dinero o podemos destinarlo al pago de nuestras deudas, es decir, al pago de capital de nuestras deudas para evitar tener intereses.

Cuando haces un pago al capital, en vez de un pago en general a ese monto total, evitamos pagar intereses. Cuando ya tenemos este cálculo listo (nuestros ingresos menos nuestros gastos) podemos ver cuánto es el déficit o el excedente que tenemos. Después de esto, solo debemos hacer un presupuesto mensual para ver cuánto podemos gastar en comida, en salir a comer, en compras, entre otros. En caso no tengamos un excedente, o inclusive nos falte un monto mensual para poder pagar todas nuestras deudas, debemos conseguir y revisar cuáles son las mejores opciones para poder incrementar nuestro ingreso mensual. Debemos saber exactamente cuál es el monto que debemos incrementar mensualmente para poder evitar caer en deudas y pagar todo en efectivo para no usar la tarjeta de crédito.

El problema con usar la tarjeta de crédito es que muchas veces, o la mayoría de veces, no tenemos presente cuánto es el interés que realmente debemos pagar si es que no podemos pagar el monto total de nuestra deuda el mes anterior. A veces salimos y comenzamos a pagar pequeñas cosas con la tarjeta de crédito, lo cual nos perjudica ya que a veces nos olvidamos o no pagamos el monto total entonces terminamos pagando muchas veces casi el doble de lo que realmente hemos gastado. Ten en cuenta estos pequeños tips para poder comenzar a tomar decisiones más conscientes.

Capítulo I: Libertad financiera

Ahora, ¿cómo lograr la libertad financiera? Recordemos que si ya tenemos un presupuesto mensual debemos respetarlo. Es complicado muchas veces mantenernos exactamente dentro de los números, pero debemos hacer el mayor esfuerzo para poder lograrlo. Verás que una vez que comiences a ver tus deudas disminuir y que te des cuenta la cantidad de dinero que estás ahorrando por no tomar una gaseosa, un café y comerte un sándwich durante las horas de trabajo, dejarás de hacerlo feliz y buscarás maneras de poder llevar tu comida o inclusive comenzarás a llevar tu café instantáneo al trabajo. Claro que no va a saber igual que un café de una cafetería pero tu cuenta de ahorros te lo va a agradecer.

Debemos manteneros enfocados y siempre tener presente por qué y para qué estamos ahorrando. Si perdemos esto de vista, se nos va a hacer todo más difícil, esto suele suceder cuando hemos terminado de pagar nuestras deudas, en vez de ahorrar, como vemos un excedente mayor en nuestra cuenta de ahorros al que veíamos con anterioridad comenzamos a gastarlo sin darnos cuenta. Cuando realmente recapacitamos y volvemos al estado de consciencia en nuestros gastos que teníamos antes, nos damos cuenta de cuánto hemos gastado y ya es muy tarde para recuperarlo.

Es realmente importante que tomemos en cuenta que debemos vivir dentro de nuestros medios. Muchas veces nos gusta impresionar a las otras personas y por este motivo pagamos más de lo que deberíamos cuando pedimos la cuenta y queremos invitar a personas, de repente a nuestro jefe o a nuestros colegas, a nuestra familia, entre otros. No nos damos cuenta que esto nos está haciendo daño, que no estamos viviendo dentro de nuestros medios y que no tenemos dirección de nuestros gastos, sencillamente estamos gastando por gastar y eso no es bueno. Al final, debemos entender que trabajar más no significa estar libre de deudas, al igual que tener más ingresos no significa que estaremos libres de deudas. Debemos ser conscientes de nuestro ingreso y de nuestros gastos. ¿De qué nos sirve incrementar nuestros ingresos inclusive un

100%, es decir, doblar nuestros ingresos si al final estamos también gastando el doble porque pensamos que tenemos dinero?

Debemos ser realmente cuidadosos y conscientes de que el dinero lo podemos ahorrar, y que hay diferentes tipos de cuentas de ahorros e inclusive fondos de inversión que generan más dinero porque pagan más intereses. Es decir, el dinero llama al dinero, mientras más dinero tengamos y podamos ahorrar, más dinero podemos hacer. ¿Curioso no?

Capitulo II: ¿Cómo incrementar nuestros ingresos?

En los siguientes capítulos te enseñaremos cómo incrementar nuestros ingresos para poder alcanzar la libertad financiera incrementando nuestros ingresos.

¿Haciendo tu presupuesto te diste cuenta que necesitas más dinero para poder pagar tus deudas y para poder ahorrar? No te preocupes, hay muchas maneras de ganar más dinero aparte de yendo a una oficina ocho horas al día.

Comencemos, la primera opción y la más obvia que es pedir un aumento en el trabajo. ¿Cuándo pedir un aumento? Si tienes muchos años en la empresa, te esfuerzas y haces un buen trabajo, podría ser un buen momento para pedir un aumento. ¿Cómo pedirlo? Sabemos que hablar con tu jefe o con la persona encargada es un poco complicado y puede ser incómodo. Antes de ir a la oficina, revisa cuáles son tus funciones, qué es lo que estás realizando en la empresa, tus pendientes, tareas adicionales que debes realizar, las horas que trabajas en el día, entre otros. Tener esta información actualizada y revisar realmente qué es lo que estás haciendo y has hecho, es muy importante porque también puedes sentirte más cómodo al pedir el aumento a la empresa porque sabes cuál es tu valor, realmente, cuál es tu aporte.

Adicional a esto, podrían preguntarnos por alguna de nuestras funciones que no sabemos, no nos acordamos, o podemos pensar que algunas tareas adicionales que realizamos son nuestras funciones y no es así. Esto te tomará unos diez minutos. Si estás nervioso, practica con algún amigo. No te recomendamos que hables con tus colegas acerca de esto, porque puedes generar envidia y celos o algún colega podría adelantarse hablar con tu jefe y esa no es la idea. Sería mejor que lo practiques con alguien de tu familia o con algún conocido de confianza. Esto va a ser mejor porque te vas a sentir más seguro y la otra persona puede darte alguna idea también de cómo pedirlo. Puedes medir tu tono de voz y ya vas con un "discurso" preparado de qué es lo que vas a decir. Asimismo, entre las dos personas pueden pensar en algunas preguntas que tu jefe podría preguntarte y podrías ir practicando las respuestas que es lo que recomendamos.

Si tu jefe acepta el aumento, sería perfecto así no trabajas más horas y tienes este aumento extra. Recuerda que una vez que acepten tu aumento deberás actualizar tu presupuesto. No aumentar tus gastos evidentemente, debes seguir con tus gastos fijos y seguir reduciendo tus gastos adicionales que no son necesarios. Te damos algunos ejemplos, Netflix y Spotify, sabemos que nos ayudan a hacernos la vida más divertida en el sentido de que no nos gusta esperar, queremos escuchar la canción que nos gusta en ese momento por eso probablemente es que tenemos Spotify Premium. Recuerda que estos gastos por más pequeños que te parezcan van sumando, no solo mensualmente si no también anualmente. Por otro lado, Netflix nos gusta porque no tenemos que buscar en internet diferentes alternativas para ver esa película o esa serie que no está en televisión. Ahora, recordemos que ambos van sumando, si pagas 20 dólares al mes entre ambos por ejemplo, son ciento cuarenta dólares anualmente y estas son solamente dos de las suscripciones que tenemos, ¿cuantas suscripciones tienes?

Ese monto puede ser utilizado para pagar tus deudas, pagar tu hipoteca o mejor aún, agregarla a tu cuenta de ahorros, recuerda que mientras más dinero en esa cuenta más intereses tendrás.

Continúa viviendo como si no hubieras recibido un aumento, sigue con tu presupuesto, no lo modifiques, solo agrega ese pago adicional a tus deudas, a tu cuenta de ahorros o a tu fondo de emergencia. ¿Es necesario hacer este cambio y no contar con ese pago? Sí, realmente es importante hacer esto. ¡No te endeudes de nuevo! Estás pidiendo este aumento para poder ahorrar y para poder adquirir tu libertad financiera. ¡No lo olvides! Es muy fácil perder cual es nuestra meta, por esto piensa todos los días qué es lo que quieres lograr y cómo lo vas a lograr, sé consiente de tus compras y de tu presupuesto.

Por otro lado, si no podemos pedir un aumento porque somos muy nuevos, la compañía no está pasando por un buen momento o sencillamente no podemos hacerlo, podemos buscar evaluar nuestras opciones. Entonces, ahora, pensemos, ¿quieres seguir trabajando en el mismo sitio? En caso te gusta trabajar en una oficina pero sabes que no te van a poder dar un aumento, puedes comenzar a buscar otro trabajo que sí te pueda pagar lo que necesitarías para poder cubrir tus deudas, ahorrar, tener un fondo de emergencia y adquirir un fondo de emergencia.

Entonces, comienza buscando trabajos en los cuales encajan tú y tu perfil, revisa dónde quedan, si te quedan más cerca de donde estás viviendo o más lejos. ¿Por qué es tan importante evaluar este punto? Porque debes ver cómo vas a trasladarte a tu nuevo trabajo. Por ejemplo, si a tu actual trabajo puedes caminar o vas en la bicicleta y al otro trabajo no puedes llegar de ninguna de estas formas, vas a tener que restar este costo diario por los días trabajados para poder tener en cuenta cuánto será nuestro sueldo real. Adicionalmente, hay que agregarle el estrés que nos va a tomar llegar a nuestro nuevo sitio de trabajo, hay que evaluar si realmente vale la pena este cambio de trabajo.

Tenemos que buscar alguna compañía que esté cerca, que no nos vaya a recargar de trabajo, es decir, que todavía podamos tener un buen horario o mantener uno como el que teníamos antes y que no nos vayamos a estresar. Es importante tomar en cuenta nuestra calidad de vida, ¿de qué nos sirve ganar más dinero en una nueva compañía si vamos a esta realmente estrellados y esto nos va a enfermar? Si nos enfermamos recuerda que también tendremos que pagar por este tratamiento. Evaluemos estos puntos, seamos honestos y realistas. Por ejemplo, si podríamos llegar a la empresa en bicicleta pero esto nos tomaría cuarenta minutos, a pesar de que nos emocionemos y digamos que realmente lo vamos a hacer, que va a ser nuestro deporte diario y que esta es la forma de llegar, hay que ser sinceros con nosotros mismos porque de lo contrario vamos a terminar tomando taxis todos los días o manejando, lo que va a incrementar nuestro costo en gasolina, kilometraje lo que le resta valor al carro, incrementará el tiempo en el que debemos hacerle mantenimiento al carro porque vamos a acumular kilometraje más rápido, aumentará nuestros presupuesto para reparaciones del auto, entre otros. Esto es como la excusa del lunes comienzo dieta o solo es una papita frita y nos terminamos comiendo toda la bandeja, por eso tenemos que tenerlo en cuenta y ser realmente honestos con nosotros mismos. Si lo vamos a hacer todos los días porque estamos acostumbrados a levantarnos más temprano y hacer deporte en la mañana perfecto, el presupuesto va a ser real, podremos llegar de esta manera y no aumentará nuestros gastos, pero si sabemos que cabe la posibilidad de que no podamos levantarnos más temprano y que queramos manejar o ir en taxi, entonces no hagamos el cambio.

Haz decidido que no te quieres cambiar de compañía, que quieres seguir exactamente donde estás y que quieres conseguir un trabajo en algún otro lugar, puedes incrementar tus ingresos buscando un trabajo "part-time", es decir, que no trabajas un día completo, las horas completas, sino que trabajas por horas. Hay trabajos "part-time" en los cuales trabajas cuatro horas al día, de repente puedes encontrar uno que puedas trabajar dos horas más. Tienes que evaluar también qué es lo que realizas en el día, cuáles son las tareas, si vas a estar muy cansado, si podrás lograrlo y el tipo de trabajo al que estás postulando. Como ya te hemos comentado, de nada sirve trabajar ocho horas al día, ir a un trabajo part-time cuatro horas más para poder pagar nuestras deudas más rápido si nos va a terminar enfermando, si terminaremos estresados y lo más probable enfermos, o renunciemos porque no podamos o peor aún, que quedemos mal con uno o los dos trabajos porque estamos pensando en el otro o estamos muy cansados y dejemos de rendir en ambos.

Por eso, hay que realmente meditar y pensar cuál es la mejor opción para nosotros. ¿Quieres trabajar dos horas al día y encontrar un trabajo part-time? ¿Sabes que no te va a afectar? ¿Estás seguro de eso? Entonces tómalo y agrega el ingreso adicional a tu presupuesto. Haremos énfasis en que este dinero extra servirá para lograr tu libertad financiera, no para comprarte ese par de zapatos nuevos que te gustaron o una nueva camisa. Ese dinero adicional guárdalo o ahórralo, ponlo en tu fondo de emergencia porque uno nunca sabe cuándo podríamos tener algún tipo de percance.

Capítulo III: Trabaja utilizando el mundo y mercado digital desde tu casa o desde cualquier parte del mundo

Ahora, has decidido que no quieres pasar más tiempo en una oficina, no has encontrado ningún trabajo al que te quieras cambiar ni en el que quieras trabajar part-time. ¿Crees que no puedes generar ingresos adicionales a menos que trabajes en una oficina? Eso es falso, bienvenidos a la era digital. Trabaja de tu casa, utilizando tu computadora para que puedas generar ingreso adicional.

¿Trabajar de mi casa? ¿Todos los trabajos no son presenciales? No, puedes generar ingreso utilizando solamente tu computadora y tus habilidades. Entonces comencemos dando algunas opciones de cómo podrías generar ingresos desde tu casa.

¿Eres bilingüe, trilingüe? ¿Cuántos idiomas hablas? Utiliza los idiomas como tu valor agregado, como una habilidad, tómalo de esta manera y encuentra trabajos en el mercado digital. ¿En dónde? En el mundo digital. ¿A qué nos referimos con esto? Que en internet hay una variedad de páginas web y diferentes opciones y modalidades para encontrar trabajo. Por ejemplo, digamos que hablas francés, español e inglés a la perfección, es decir, tienes un buen nivel en estos idiomas y nativo en uno. Entonces, ¿qué hago con estos idiomas? te preguntarás. Fácil, podemos conseguir trabajos de traducción de texto en diferentes páginas web como Textmaster, Translated, One hour translation, entre otras páginas. Esto nos va a permitir trabajar de traductores usando los idiomas que ya sabemos, no tenemos que aprender nada nuevo.

Estas páginas web nos permiten trabajar de forma segura, desde nuestra computadora y durante las horas que tengamos tiempo, es decir, si tenemos una semana especialmente cargada de trabajo en nuestra oficina, esa semana podemos decidir no realizar este tipo de trabajo. ¿Así de simple? ¡Si, así de simple! Inscríbete en diferentes páginas para que tengas más probabilidades de encontrar más trabajos o de siempre tener un trabajo adicional. Ahora, si vamos a tener este trabajo adicional, no cambies tu presupuesto porque no sabes cuánto vas a ganar de forma fija, entonces, mejor sí apunta cuánto es este ingreso y úsalo para pagar el capital de tus deudas, para tu fondo de emergencia o para ponerlo en tu cuenta de ahorros para que te genere más intereses.

Aparte de estas páginas, que son las que usualmente se usan estrictamente para trabajos de traducciones, te recomendamos que también entres a páginas donde buscan a personas freelancer para trabajar. ¿Qué es trabajar como freelancer? Esto significa que trabajas para una compañía, para una persona o para un proyecto de manera no presencial, es decir de manera remota. Hay compañías que buscan traductores en este tipo de páginas para freelancers. Lo bueno de estas páginas es que regulan todo el proceso de pago y pueden defenderte en caso haya algún problema con el cliente o viceversa. Son muy buena opción para encontrar este tipo de trabajo.

Ahora, hablando diferentes idiomas no solamente puedes traducir, ¿por qué no enseñar alguno de los idiomas que hablas? Puedes ser profesor en línea, hay muchas páginas web que se dedican a contratar profesores para enseñar remotamente como por ejemplo para enseñar inglés a clases. No solamente puedes encontrar estas páginas web que te permiten enseñar inglés remotamente a clases de niños, sino también puedes encontrar otras páginas web que son un espacio donde las personas entran buscando profesores de diferentes idiomas. Tú solamente tienes que poner los idiomas que quieres enseñar, una foto tuya, una descripción y usualmente un video. Debes también poner el precio que cobrarás por hora. Es realmente importante que tomemos en cuenta el mercado y el precio de los otros profesores en las páginas, no queremos ser muy caros porque probablemente nuestros clientes potenciales decidan contratar a alguien más barato que nosotros. Esto debemos tomarlo especialmente en cuenta cuando comencemos porque necesitamos que nos contraten, nos dejen reviews, que aparezca cuántas clases y cuántos clientes hemos tenido. Las personas piensan que mientras más clientes tengamos, mejores debemos ser. Tampoco debemos tener un precio muy bajo porque las personas no van a pensar que somos muy buenos o que somos principiantes.

Recuerda que la percepción de nuestros clientes potenciales es realmente importante. Por esta razón, debemos tener un precio competitivo, ver el tipo de videos que los otros profesores han puesto y vendernos, debemos siempre tener en cuenta nuestro marketing personal cuando realizamos nuestra descripción. Recuerda que también podemos ofrecer una clase gratis de prueba para que nos conozcan nuestros clientes potenciales, esto nos puede servir para engancharlos, para que prueben nuestro servicio.

Capítulo IV: Trabajar como freelancer para compañías o personas

¿No te gusta trabajar como profesor? ¿Sientes que no tienes paciencia? ¿Eres muy tímido o no hablas ningún idioma adicional? No hay problema, hay muchas más opciones para trabajar de freelancer y ganar dinero aparte en tu tiempo extra, desde tu casa, desde tu computadora y lo más importante es que puedes ser tu propio jefe. Este dinero extra, recuerda que te llevará a la libertad financiera. ¿Te gusta tomar fotos o eres fotógrafo? ¡Véndelas!

Ahora, tenemos más opciones ¿Te gusta tomar fotos? Comienza a venderlas en diferentes páginas de internet. ¿Se puede vender fotos en internet? Claro que sí, puedes venderlas en diferentes páginas de internet. Por ejemplo, páginas como Shutterstock te pagan entre el veinte y el treinta por ciento por foto descargada, esto significa que mientras mejores y más cantidad de fotos tengamos y enviemos, más posibilidades de incrementar nuestros ingresos ya que más personas podrían descargar nuestras fotos más veces. Otra página que también te paga por descarga es istock Photo, ellos pagan aproximadamente el quince por ciento por cada descarga. Los colaboradores exclusivos tienen un porcentaje mayor, ellos reciben entre el veinte dos por ciento y el cuarenta y cinco por ciento. Otra opción que te brindamos es Big Stock, ellos pagan el treinta por ciento por descarga individual. Adicionalmente, ellos te van a pagar treinta y ocho centavos de dólar de regalía por las ventas de clientes que han pagado una suscripción.

Estas son solamente tres de todas las páginas que puedes encontrar que te pagan por tus fotografías. ¡Aprovéchalas! Busca fotos de tus viajes anteriores, comienza a buscar cómo tomar buenas fotos, puedes tomar un curso rápido y sencillo por internet. Todo esto te ayudará a generar más ingresos. Recuerda siempre tomar en cuenta y ver cuáles son las imágenes populares en estas páginas o qué tipo de imágenes faltan para que no tengas tanta competencia. Por ejemplo, si hay muchas fotos de parejas cenando tomando vino pero no hay suficientes fotos de novios, podrías encontrar un nicho. Recuerda que puedes tomar diferentes fotos y subirlas a estas páginas y no te van a cobrar por subirlas ni tienes que pagar ningún mantenimiento por estar en esta página. Al contrario, mientras más fotos puedes subir a estas páginas más posibilidades de vender y más gente que podría comprar tus fotos.

¿No te gusta vender fotos? No hay problema, evalúa tus habilidades y comienza a ganar dinero con ellas. Por ejemplo, si te gusta y eres bueno trabajando en marketing en tu empresa, utiliza esta habilidad y véndela por internet. ¿Disculpa? Sí, en las páginas para encontrar trabajo por internet como Freelancer puedes vender tus habilidades, por ejemplo, si trabajas en Marketing digital en tu empresa o tienes experiencia en esto, véndelo por internet y encuentra proyectos que vayan con tus habilidades. Si has trabajado en contabilidad, busca clientes en páginas de freelancer para ganar dinero extra. Es simple. Ahora, si piensas que no tienes habilidades o no estás muy seguro de cuáles son, no hay problema. En páginas como Coursera puedes encontrar cursos gratis en los que podrás aprender diferentes habilidades. No te dan título pero sale que has completado el curso, si quieres un título, puedes pagar por él y no es caro.

Es importante que cuando encuentres un trabajo freelancer des un buen servicio para que puedas obtener recomendaciones. Por otro lado, también es importante que trabajes con gente que te dé seguridad. Por ejemplo, verifica que en las páginas web donde consigues trabajo tengan políticas de pago, usualmente el trabajo del freelancer mediante estas páginas tienen a la página como intermediario en caso tengan algún problema. Todo tipo de comunicación entre tú y el cliente debe ser mediante la página web, el cliente paga a la página web y una vez que entregues el avance y el cliente le dé el ok o entregues todo le trabajo y el cliente le dé el ok, la página web te paga a ti. Esto evita el fraude, que no te paguen, que te paguen tarde, o que te paguen un precio que no era el que habían pactado.

Por otro lado, es de suma importancia también que pongas un precio que esté dentro del mercado. Ante de poner nuestro precio debemos revisar cuánto cobran las personas que realizan un servicio parecido al de nosotros para no cobrar tan caro que no nos quieran contratar, pero tan barato que piensen que damos un mal servicio o que no somos profesionales.

Capítulo V: Vender por internet productos como tu propia marca o vender lo que ya no utilizas

¿Tienes una marca de ropa, de accesorios, de sombreros u otra cosa o sencillamente tienes demasiada ropa en tu cuarto o cosas que ya no utilizas? ¡Véndelas y gana dinero! ¿Ah? ¿Puedo vender ropa o cosas mías por internet? Por supuesto que sí puedes, lo único que debes hacer es aclarar que es de segunda mano, eso es todo y las personas la van a comprar. ¿Cómo hago esto? Hay diferentes páginas web en donde puedes subir todos los productos que quieres vender, ellos te dan una plantilla, tú subes las fotos, las describes, pones el precio y ya está. Ahora, es muy importante que analices a la competencia, es decir, que veas qué está vendiendo el resto personas o compañías por internet y que de esta manera puedas tener un precio que esté dentro del mercado. Por ejemplo, digamos que tienes un par de zapatos que te pusiste una vez y que ya no quieres usar. Puedes venderlos por diferentes canales.

Comencemos con páginas como Amazon o Ebay, aquí solamente te registras como un usuario, pones tus zapatos, tus políticas en caso quieran devolverlos, la talla de los zapatos, el material, entre otros y los pones en venta. De esta manera, solo pagarías la comisión que te pida la página y no tendrías que invertir nada de tu dinero. También puedes utilizar el Marketplace de Facebook, que es como una tienda virtual grande donde la gente puede subir a vender cosas. Aparte de que también puedes buscar diferentes grupos de compra y venta en tu ciudad y ponerlos ahí. De esta manera, puedes tener dinero fácil y rápido vendiendo artículos que no utilizas.

También, en caso de que quieras vender productos y volverte una empresa o tenerlos en páginas por internet puedes hacerlo. Digamos que te gustan y puedes conseguir sombreros en tu ciudad, las páginas como Amazon, Ebay y Alibaba permiten la venta de productos como empresa y solo piden una comisión de las ventas. Es decir, no necesitarías gastar tanto dinero para hacer publicidad y para buscar clientes potenciales porque estas páginas ya tienen tráfico de personas que confían en ellas y que quieren comprar productos, no necesariamente están buscando los sombreros pero si están buscando otro tipo de productos. Lo que tendrias que hacer es ingresar y registrarte como una compañía, subir tus productos a las plantillas que te ofrecen las páginas, agregar las descripciones y después tendrías que esperar a ver tus métricas. ¿A qué nos referimos con esto? Que tendrías que ver cuántas personas ven tus fotos y si estás vendiendo alguna. Si no, lo que puedes hacer en este caso es publicitar tu producto.

Es importante que si quieres generar ingresos con una tienda aparte en internet crees una página en Facebook e Instagram para tu compañía, también recomendamos utilizar Pinterest. Las páginas las puedes conectar y puedes ir compartiendo tus productos, artículos o puedes ir actualizando y consiguiendo más gente que te siga. Para que no gastes tanto dinero, te recomendamos pedirle a todos tus amigos que le pongan Me gusta, es decir, que sigan tu página en ambas redes sociales. Después de esto, ellos también podrían invitar a sus amigos o pueden compartir tu página en sus muros para que la gente comience a seguirte.

Es importante que el contenido que compartas sea de buena calidad y sean temas que la gente le pueda interesar o que sean buenas fotos. Por ejemplo, hay diferentes páginas web en donde puedes conseguir fotos de buenas calidad gratis como Pixabay y Unsplashed. Esto hace que tengas fotos profesionales pero que no hagas pagado por ellas. Debes recordar que muchas imágenes, como por ejemplo las del buscador de Google tienen derechos de autor y no puedes compartirlas sin autorización de la persona que las tomó. Esto es realmente importante porque podrías tener que pagar una multa aparte de bajar la foto de tus redes sociales por infringir la ley de los derechos de autor.

Capítulo VI: Crea cursos especializados y véndelos por internet

¿Has ido a la universidad? ¿Tienes un trabajo en un área especializada? ¿No te ha convencido todavía ninguna de estas opciones? ¿Eres una persona creativa que le gusta un reto? Tenemos más opciones para ti para comenzar a crear dinero desde casa para poder lograr la libertad financiera. Empieza a crear cursos por internet, estos puedes venderlos en diferentes páginas para incrementar tus ingresos. ¿Cómo podemos comenzar a crear nuestra página web? El primer paso para poder empezar a ganar más dinero utilizando tu computadora es comenzar a planear este curso. Comienza determinando qué curso podrías enseñar, podría ser algo relacionado con una habilidad que hayas adquirido en tu trabajo, puede ser algo que hayas aprendido naturalmente o podría inclusive ser un pasatiempo que conoces realmente a profundidad y que te encantaría poder compartir con los otros.

Ahora que ya sabes qué curso podrías enseñar, debemos hacer un análisis de Mercado. ¿Un análisis de mercado? ¿A qué nos referimos con esto? Esto significa que debemos investigar si hay cursos como estos en el mercado digital, si la gente realmente los está buscando y más importante aún, si están dispuestos a pagarlos. ¿Por qué? No importa qué tan buenos seamos en alguna materia, podemos armar el mejor curso que podamos pero no hay demanda, es decir, la gente no quiere comprarlos. Esto para nosotros va a ser una pérdida de energía y de tiempo. Por esto es realmente importante hacer un análisis de mercado antes. De aquí podemos comenzar a tomar las acciones que necesitemos para poder lograr el éxito en nuestras ventas. Ahora, si has encontrado que las personas están dispuestas a pagar por el curso, lo que debes hacer es comenzar a describir el curso. Te recomendamos comenzar a planearlo antes para que sea más estructurado, hay cosas en las que debes pensar antes de comenzar a crearlo. Piensa en cómo entregarás el curso, puedes pensar si esto será como videos, texto y/o audio. Esto va a orientarte en qué tipo de plataformas deberías comenzar a utilizar o podrías utilizar para tu curso de video. También debes de tener en cuenta, cuál es tu público.

El público al que va dirigido es principiante o es avanzado. Hay que pensar si después debemos hacer cursos adicionales, si podríamos tener secuelas o cursos similares. Ahora que ya tenemos esta información, debemos entonces elegir cuál es la plataforma ideal para tu curso virtual. Por ejemplo, UDEMY es una muy buena plataforma en donde venden diferentes cursos. Udemy es la plataforma que te recomendamos porque es un mercado realmente popular y puede ayudarnos a comenzar a vender nuestros cursos. Es mucho más fácil venderlos en una plataforma popular que la gente ya conoce y en la cual confía. Debido a que es una plataforma popular, tienen diferentes filtros para los cursos, las personas que quieren comprar los cursos sienten confianza porque saben que los pagos son seguros, que no les van a clonar las tarjetas de crédito y que en caso tengan algún problema con el curso pueden comunicarse con una persona de soporte de Udemy para que lo ayude. Esto genera mucho más confianza en los clientes potenciales a los que quieres venderles tu producto.

Si tuvieras una página web con los cursos pero la gente no te conoce, no tienes muchos reviews, no tienes muchos seguidores, las personas no te van a tener tanta confianza. Generar reputación online como página de cursos es complicado, por esto te recomendamos que lo más sencillo para generar dinero de forma rápida es encontrar una habilidad que tengamos, crear un curso en una plataforma sencilla en la cual podamos vender nuestro producto, exhibirlo para que la gente lo quiera comprar. Debe ser una página conocida, que la gente le tenga confianza y que tenga bastante tráfico de personas. Esto va a facilitar la venta de nuestro curso.

Cuando ya hemos escogido qué vamos a enseñar, hemos realizado la investigación de mercado, creado el curso en la plataforma conveniente y lo hemos puesto en venta en páginas como Udemy, podemos crear dinero de manera sencilla. Recuerda que siempre las plataformas que debes buscar para publicar deben ser conocidas, ya deben tener tráfico, deben tener método de pago para el cliente y deben tener una trayectoria. Deben ser plataformas conocidas para que tengas más oportunidades de vender tu curso.

Capítulo VII: Cómo ganar dinero con las monedas virtuales como Bitcoin

Bitcoin, es una moneda digital que se está volviendo muy conocida, esta moneda la puedes utilizar para pagar diferentes productos por internet, puedes comprar y vender como si fueran acciones. ¿Has escuchado hablar de ella? ¿Sabes de qué se trata? Este tipo de moneda virtual, Bitcoin, es muy conocido mundialmente. Tenemos una propuesta más para poder alcanzar la libertad financiera, es muy fácil y sencilla, es gratis y no es trabajoso conseguir este dinero. A continuación te explicaremos diferentes actividades que podemos empezar a realizar para comenzar a ganar dinero desde nuestra computadora de manera sencilla desde nuestra casa o desde cualquier parte del mundo. Esta forma de hacer dinero es rápida y directa, y sabemos cuánto dinero vamos a recibir según el tipo de actividad realizada.

Primero, ¿sabes que es el bitcoin? Es una moneda virtual que podemos utilizar para comprar en diferentes tiendas que ya la están aceptando como medio de pago. ¿Es dinero?, ¿tiene valor? Sí, y este valor va cambiando. ¿Cómo consigo este dinero? te estarás preguntando. A continuación dejamos unas recomendaciones para que consigas este dinero. No solamente lo puedes comprar, sino que lo puedes conseguir de forma gratuita con poco esfuerzo. ¿En serio, no es mentira, no tengo que pagar por él? No, hay maneras en que lo puedes conseguir gratuitamente en internet a cambio de realizar tareas relativamente sencillas. Por ejemplo, puedes comenzar de manera sencilla acumulando esta moneda en operaciones de trading, puedes hacer micro tareas, puedes conseguir monedas gratuitas inclusive en grifos de bitcoin, cobrar propina, puedes invertir en bitcoins, vender productos y servicios en manera de bitcoin y más.

¿A qué nos referimos cuando hablamos del bitcoin trading? Entendemos que estos términos son nuevos y podrían parecer complicados pero no lo son. Ahora, acerca del trading, la estrategia básica de especulación es la que se aplica, debes comprar la moneda cuando esta con precio el precio lo más bajo que crees que podría llegar y después esperas que el precio aumente para poder venderla y que esto genere una ganancia. ¿Cómo se cuál es o cuál será el precio de bitcoin? Para saber es de suma importancia seguir las noticias diariamente para poder negociar con más información a la mano y poder tomar decisiones acertadas. No vamos a poder saber de antemano cuánto está o será el precio, debemos mantenernos calmados y revisar el precio día a día.

Piensa en la bitcoin como si fueran acciones, el precio va a ir variando día a día y debemos revisarlo diariamente. A pesar de creer saber qué es lo que pasará con este precio, debemos manejarlo día tras día por lo que recomendamos revisar esta información todas las mañanas para poder tomar decisiones informadas y acertadas. También podrías realizar esta negociación mediante un arbitraje, comprar barato en un change y vender a un precio más alto en otro. Es de suma importancia que antes de comprar o comenzar a usar bitcoin aprendas cómo funciona. Hay muchos tutoriales en YouTube y mucha información en internet que te recomendamos investigar antes de comprar bitcoins.

Ahora, ¿cómo ganar bitcoins sin tener que comprarlas? Realiza micro tareas. ¿Cómo realizo micro tareas para poder ganar bitcoins? ¿Las micro tareas demandan mucho tiempo? No, son operaciones y /o quehaceres muy sencillas que hace el consumidor y que a la compañía que lo está realizando puede valerle la diferencia entre vender un producto y no venderlo. Hay algunas aplicaciones donde se te paga en bitcoin como por ejemplo Bituro. Esta aplicación para teléfono inteligente te paga en bitcoins después de haber realizado pequeñas actividades como ver videos, completar encuestas, probar aplicaciones, entre otros. Estas tareas no toman mucho tiempo, son bastante sencillas y te ayuda a ganar dinero virtual. ¿Es esto verdad? Sí, puedes entrar a las diferentes páginas que tienen esta oportunidad y de la cual muchos estamos disfrutando. Estas tareas las puedes realizar desde el celular, en cualquier momento del día, en tu hora del almuerzo del trabajo o en la noche. Es muy importante que las quieras realizar, las aprendas a realizar y puedas hacerlo tú solo.

Por otro lado, el bitcoin reward también te permite ganar dinero realizando el mismo tipo de micro tareas, como por ejemplo ver vídeos, completar encuestas y otras tareas menos complicadas inclusive. ¿Entro a ver videos, jugar juegos online y puedo ganar dinero? Sí, y ganas dinero. Otra alternativa es el hit buckszn. El coin bucks es otra de las aplicaciones que puedes utilizar para Smartphone que también te permite ganar bitcoins realizando tareas sencillas como jugar videojuegos, descargar otro tipo de aplicaciones y completar ofertas promociones en línea. Esto ayuda a las compañías con su investigación de Mercado, le permite aprender a ofrecer diferentes promociones a las personas o en este caso a segmentarlas.

¿Cómo genero bitcoins a través de grifos Bitcoin? Si te gusta jugar videojuegos, te gusta ver videos y no te molestan los anuncios, este tipo de sitios de grifos generan sus ingresos de los anuncios y pagan una pequeña cantidad de los ingresos publicitarios a sus usuarios. Todo lo que necesitas hacer es registrarte con tu dirección bitcoin y empezar a ganar unos cuantos centavos de bitcoin todos los días. Entendemos que es una forma lenta de ganar dinero pero debes recordar que es gratis, es sencillo y que va sumando. Otra opción también es tu crear tu propio grifo bitcoin, esto hará que ganes aún más dinero. El problema es que tendrás que buscar un buen tráfico en Google u otros buscadores, esto lo puedes lograr con una buena página web, o con Google Ads.

Podemos invertir un poco de dinero para incrementar nuestro tráfico y tener más ingresos aún. Debemos recordar que ambas alternativas son viables, podemos comenzar con una, por ejemplo, comenzar ganando poco dinero y después crear nuestra propia página web para ya poder tener un poco más de experiencia y poder entender cómo es que funcionan estas páginas web y el bitcoin.

¿Todavía no estás convencido del Bitcoin? ¿Por qué todavía no crees en esta moneda? ¿Crees Que no te va a funcionar? ¿No estás muy seguro del valor de las monedas solas? Te recomendamos que vayas a la biblioteca o a tu computadora y mire la diferencia entre crecer en una generación más tecnológica o menos, confiar en internet y en comprar cosas por internet realmente cambia. Mira videos en YouTube, lee un poco más acerca de la moneda bitcoin, hay muchas páginas en donde te explican cómo funciona con ejemplos y qué hacer para poder triunfar y ganar esta moneda digital o comprarla más barata y poder venderla más cara para que tus ganancias sean mayores. Te recomiendo que comiences explorando y ganando dinero en las páginas en donde te regalan Bitcoin, para que comiences a entender el funcionamiento del mismo, dónde puedes usar esta moneda y cómo funcionan estas páginas, para que después puedas tomar una decisión de qué tipo de página es mejor para ti.

Ahora que ya has leído todas nuestras alternativas para poder generar más ingresos y administrar bien tu dinero, es hora de incrementar tus ganancias. Hay diferentes maneras de incrementar tu ingreso. Primero tienes que ver cuál es el monto que debes ahorrar o por cuánto debes incrementar tu ingreso para poder pagar tus deudas y para poder lograr tu libertad financiera. La primera opción si te gusta tu trabajo y te gusta ir a la oficina es pedir un aumento. Si ya llevas un par de años y haces un buen trabajo, pide un aumento. Esta es la opción más sencilla que evites que trabajes más y que tengas que tener una preocupación adicional. Si tu jefe dice que sí, no deberías tener ningún problema ajustándote al presupuesto anterior pero más dinero te servirá para pagar tus deudas o para ahorrar en una cuenta de ahorros que te dé intereses según la cantidad de dinero en esa cuenta.

Por otro lado, si no puedes pedir un aumento porque eres muy nuevo en el trabajo, puedes buscar otro trabajo que te pague más teniendo en cuenta también tu salud mental, es decir, toma en cuenta el ambiente laboral y cuán lejos es, si tienes que desplazarte mucho y si esto va a agregar estrés a tu día, horas en transportarte y si debes gastar adicional para poder llegar al trabajo. También puedes evaluar cuáles son tus habilidades para poder buscar un trabajo adicional part-time, podrías trabajar un par de horas al día en otro lugar pero debes tomar en cuenta que también debes descansar y que si te apuras y trabajas demasiadas horas al día probablemente te estreses y termines enfermándote por esta razón. Ahora, si no quieres buscar trabajo ni trabajar en otro lugar como otra oficina, comienza a buscar un trabajo como freelancer. Evalúa tus habilidades, mira en qué eres bueno y comienza a aplicar a puestos de este tipo. Por ejemplo, si trabajas en marketing digital, anímate a aplicar a trabajos de community manager o de marketing digital en diferentes compañías y trabajar remotamente.

Muchas página web tienen un mercado digital laboral y buscan esporádicamente personas para completar trabajos. Ingresa, inscríbete y comienza a buscar trabajo. Deberás completar tu perfil y poner un precio por tu trabajo. Te recomendamos que hagas esto en páginas web que sean conocidas y que leas reseñas de estas páginas antes. Ahora, si no te gusta trabajar como freelancer o piensas que no tienes ninguna habilidad específica, puedes tomar cursos en internet con páginas web como Coursera, ellos ofrecen cursos gratis y esto te permitirá desarrollar diferentes habilidades y podrás trabajar online. Otra alternativa es, si hablas diferentes idiomas, busca trabajo remotamente, es decir en línea, como traductor o profesor de estos idiomas. Hay diferentes páginas en las que puedes trabajar remotamente para instituciones, por ejemplo, que enseñan inglés, tú escoges tu horario y te pagan mensualmente.

Ahora, también puedes inscribirte en diferentes páginas web que son para profesores particulares que enseñan idiomas vía video. Investiga estas opciones y analiza si alguna de estas es para ti. ¿No te gustó ninguna de las opciones? ¡Comienza a vender tus fotografías por internet! Muchas páginas web como compran las fotos para ellos poder venderlas en su página y esto permite que te den una comisión cada vez que alguien descarga tus fotos, inclusive te pueden dar regalías. ¿Tampoco piensas en vender tus fotos? Crea algún cursos por internet y véndelo en páginas web como Udemy. Sólo busca una plataforma, créalo y listo. Estas son solo algunas opciones que encontrarás en el mercado digital que permite que trabajes desde tu casa, desde tu computadora y generes ingresos extra. Esto permitirá que obtengas la libertad financiera y más ingresos de forma rápida y sencilla. Todo estos cambios sugeridos no sólo van a cambiar nuestra rutina, también van a cambiar nuestra mentalidad y nuestra relación y entendimiento de nuestras finanzas y nuestro dinero. Nos ayudará a ahorrar y esto será más simple de lo que siempre hemos creído, podremos alcanzar nuestras metas y alcanzaremos la libertad financiera, aprenderemos y retomaremos el control de nuestro dinero y tiempo. Estos pequeños cambios en nuestra rutina diaria, nos va a ayudar a alcanzar nuestras metas financieras, pagar nuestras deudas y tener nuestro fondo de emergencia.

No debemos estresarnos por dinero, debemos tener un mejor manejo. No necesariamente necesitamos ese aumento o un trabajo adicional, debemos aprender a reducir y minimizar los gastos adicionales de lujo que tengamos y debemos aprender a tomar decisiones racionales, conscientes y planificadas y no emocionales. ¡Empieza hoy y cambia tu vida! ¡Ahorra hoy!

Capítulo VIII: ¿Cómo alcanzar la liberta financiera a los 40 años?

Todos queremos llegar a esta meta, ya sea a los 40, a los 50, y por qué no, a los 35... es por eso que ahora nos enfocaremos en mencionarte 5 puntos claves para que trabajes en tu objetivo de alcanzar libertad financiera a la más temprana edad posible.

1. Ten libertad de decidir

Decide cómo quieres vivir tu vida cuando seas más adulto. Te gustaría trabajar con horario de oficina, o no quieres eso para ti. Igualmente, no quieres depender de alguien que constantemente te dice qué debes hacer. Cambiar tu manera de vivir es tu decisión y es lo más importante.

2. No mal interpretes el término riqueza

El concepto de riqueza se asocia a un nivel de ingresos muy elevado y con poseer propiedades. Es un error asociar en tu mente la libertad financiera con esta idea. Incorpora una nueva visión en la que es el tiempo y no el dinero el factor determinante para aumentar tu libertad económica.

3. Enfócate en lo importante

Enfocarte en cuánto gastas en lugar de en cuánto ganas es lo importante. Ya no se trata de dedicar tu vida al trabajo sino de reducir tus esfuerzos en administrar correctamente tus ingresos. Maneja tus emociones y observa en qué gastas. Cuida tu flujo de dinero.

Si ahorras 30% de tu sueldo al limitar tus gastos como no comprar un auto lujoso, no salir a comer fuera de casa siempre o constantemente y no tener gastos hormiga, los cuales son muy peligrosos a largo plazo, entre otros, lo lograrás.

4. Trabaja por y con gusto

Si ahorras podrás trabajar en lo que te gusta, en lo que te hace feliz, ya que no lo harás por horas ni por dinero sino que laborarás por satisfacción, y cuantas horas desees en la semana. Es decir, no se trata de dejar de trabajar completamente, sino que, al ahorrar el capital suficiente, sólo necesitarás una parte de lo que ganabas antes y dedicar el resto de tu día a lo imaginaste.

5. Busca algún ingreso activo

Contar con ingresos activos, o dinero de fuentes que no requieran un trabajo regular, es una excelente idea y un gran reto. Puedes escribir libros prácticos, blogs interesantes, generar rentas de inmuebles, etc.

Es importante tener en cuenta que un mes cualquiera esos ingresos podrían desaparecer, aunque también es poco probable que pasen a cero de la noche a la mañana. No se trata de acumular intereses con el tiempo sino sacar lo suficiente para ahorrar día tras día.

Capítulo IX: Es una cuestión de actitud

Crear presupuestos, ahorrar dinero y salir de nuestras deudas también es una cuestión de actitud. ¿Por qué decimos esto? ¡Porque debemos querer hacerlo para poder lograrlo! No importa cuánto queramos no tener deudas o salir de ellas, sino nos mentalizamos, armamos el plan, lo seguimos y cambiamos, va a ser imposible que podamos lograr la libertad financiera. Recuerda que todo el cambio debe venir de ti. Podemos orientarte y explicarte cómo crear los presupuestos, podemos recomendarte qué gastos cortar pero al final va a depender de ti pensar y alcanzar la libertad. Verás la cantidad de beneficios y la calidad de vida que te dará alcanzar esta libertad financiera. Recuerda que el camino no va a ser fácil, tener presupuestos es difícil y conseguir trabajos en internet también. Si no consigues el primer trabajo que estás buscando, no te desanimes, siempre es así, solamente tenemos que seguir buscando y seguir aplicando a diferentes trabajos online. No te desanimes porque nada es fácil.

Por otro lado, vas a necesitar estar motivado para poder realizar el trabajo extra y vas a necesitar organizarte mejor. Te recomendamos que utilices un diario o que planees tu día, de esta manera, serás más productivo, podrás organizarte de una mejor manera, no tendrás tanto estrés por la carga de trabajo adicional y no perderás tu meta que es la libertad financiera. Siempre ten presente qué es lo que quieres lograr, por qué estás realizando este trabajo adicional y los frutos que traerá a tu vida.

Si queremos ser exitosos en la vida, debemos aprender cómo superar situaciones difíciles y siempre debemos ser positivos y optimistas. Sigue nuestros consejos y libérate de tus deudas, consigue la libertad financiera, ahorra más dinero, inclusive si quieres invierte más dinero para ganar más. Toma riesgos pero siempre ten presente cuál es tu meta. Nunca olvides que llegar a nuestras metas no es en líneas rectas, siempre vamos a tener que probar cosas nuevas, salir de nuestra zona de confort, vamos a fallar algunas veces pero más importante aún, vamos a tener éxito. Comienza con este viaje a la libertad financiera, lee este libro la cantidad de veces que sea necesario, llévalo contigo al igual que tus metas y tus razones. Con determinación puedes lograr lo que tú quieras, proponte llegar a la libertad financiera, sigue tu presupuesto, consigue dinero extra de cualquiera de las formas ya explicadas, y prepárate para vivir en absoluta libertad.

Bibliografía

Andres N, A. N. (2019, 14 febrero). Trabajar como traductor - MeVoyalMundo. Recuperado 13 octubre, 2019, de https://mevoyalmundo.com/trabajar-como-traductor/

Diego Ortiz, D. O. (2019, 8 octubre). 20 Trabajos online que puedes iniciar hoy mismo sin dinero. Recuperado 13 octubre, 2019, de https://www.emprendiendohistorias.com/trabajos-online-ganar-dinero/

20 Trabajos por Internet ? que puedes empezar HOY! (2019, 29 junio). Recuperado 13 octubre, 2019, de https://carlicas.com/trabajos-por-internet/

Libro 3: Administración del Dinero

Conviértete en un Maestro en Poco Tiempo de Cómo Crear Presupuestos, Ahorrar Dinero y Salir de Deudas Mientras Que Construyes tu Libertad Financiera

Volumen 3

Por

Income Mastery

Introducción

El dinero apareció en la Edad Media, deriva de la palabra "denarius", que era una moneda de plata equivalente a 10 ases que se usaba con anterioridad en la ciudad de Roma, en Italia. No está claro en su origen histórico si el dinero fue creado espontáneamente en la transición desde el trueque al intercambio monetario, o fue inventado bajo la presión de las fuerzas del mercado para facilitar las tracciones comerciales. Si bien, no es muy claro el origen histórico del dinero, de lo que no cabe duda es que reproducimos, extendemos y consagramos su uso día a día. Desde que se echó a girar la rueda del dinero, no ha cesado la polémica en torno a él, sus consideraciones morales, su impacto en las personas, su influencia en las relaciones interpersonales, o sus efectos integradores en la economía.

El mundo de la actualidad es cada vez más exigente con respecto a los agentes que interactúan entre nuestra economía y la del resto, además del desarrollo de la comunicación y la tecnología, las finanzas no son ajenas a ello lo que nos lleva a un mar de conocimientos que nos exige una mayor preparación y desarrollo de habilidades para lograr el éxito en la buena administración de nuestros recursos.

El éxito en la administración del dinero puede derivarse de varias fuentes; sin embargo, su estructura es la clave para hacer significativo y coherente decisiones en interacciones diarias, siendo el llamado presupuesto un factor fundamental. Por esta razón, esta herramienta financiera será tomada en cuenta para llegar a dos importantes objetivos: el resultado de una lógica y eficiente serie de actividades diarias para hacer decisiones personales importantes, en las cuales la palabra personal significa familiar.

El punto de partida para diseñar una estrategia para inversión o gasto y encontrar una forma de tener bienestar adicional cuando manejo finanzas personales. Además, en este libro, encontraremos cómo la gestión de las finanzas personales no está lejos de la organización financiera, concluyendo que la planificación es la mejor motivación y generador de valor agregado en nuestro diario vivir.

Una forma eficaz de administrar bien el dinero es mediante el ahorro que es un porcentaje del ingreso que no se destina al gasto y que se reserva para necesidades futuras a través de diversos mecanismos financieros. En compensación al ahorrante, la institución elegida le paga intereses al titular de la cuenta de manera periódica por colocar su dinero en ella. Cuando a uno le hablan de ahorrar, inmediatamente piensa en las deudas que tiene, y parece absurdo pretender hacerlo si puede destinar esos fondos a saldar dichas deudas. Pero, de todos modos, nos decimos: "si a fines de mes, luego de pagar rigurosamente todas las cuentas, los gastos del mes para la casa, y si no hay ninguna emergencia, sólo entonces, si sobra algo, lo destinaré a ahorro". Esta forma de pensar lleva a muchos a una mala gestión del dinero.

Para poder ahorrar, no se debería vulnerar la proporción de deudas versus ingresos. Hay que mantener ciertas relaciones estudiadas. Dependiendo de los ingresos, hábitos y el nivel de vida de cada grupo familiar, se puede establecer con un buen sentido común. La clave del éxito de este sistema reside en que, una vez que se distribuye el dinero y se asigna un monto para los gastos de mantención del hogar, todos los gastos, desde el jabón hasta la comida del perro, tendrán que provenir de la cantidad que quede, porque no habrá más dinero hasta el mes siguiente.

A través de la planeación financiera personal, encontraremos los aspectos que se deben tener en cuenta para realizar un presupuesto, con el fin de tener un marco de referencia para tomar decisiones financieras acertadas, que permitan alcanzar sus metas y sueños, en el contexto de una adecuada calidad de vida personal. Mediante la planeación financiera podremos lograr metas alcanzables en un entorno financiero, económico y social, a la vez de comprender diversas variables que afectan la toma de decisiones financieras como la inflación, los impuestos y los ciclos económicos que nos pueden afectar externamente el éxito financiero planeado, adicionalmente, nos permite visualizar y controlar el ciclo de las finanzas en nuestras vidas, experimentando que lograr el éxito financiero es el resultado de nuestras decisiones y estas son más sólidas cuando son construidas con ayuda de la planeación financiera y todo lo que ella implica en los análisis marginales y de costo de oportunidad en las elecciones que realizamos a diario.

Buscaremos dar un pequeño alcance sobre la problemática o dificultades que trae la falta de un buen manejo del dinero, además se mostrará algunas estrategias, teorías y recomendaciones de cómo poder tener una mejor administración y planeamiento del dinero.

Capítulo 1: La administración y el dinero

¿Qué es el dinero?

El dinero es cualquier bien ampliamente utilizado y aceptado en transacciones que involucran la transferencia de bienes y servicios de una persona a otra. Los economistas diferencian entre tres tipos de dinero: dinero de productos básicos, dinero fiduciario y dinero bancario. Según Trust, el dinero es un medio a nuestra disposición para mejorar la calidad de nuestra vida, asegurar al individuo mayor protección frente a la inseguridad básica y otorgarle a su vez mayor libertad.

- Primero, el dinero de los productos básicos es un bien cuyo valor sirve como el valor del dinero. Las monedas de oro son un ejemplo de dinero de consumo. En la mayoría de los países, el dinero de los productos básicos ha sido reemplazado por dinero fiduciario.

- Segundo, el dinero fiduciario es un bien, cuyo valor es menor que el valor que representa como dinero. Los billetes de un dólar son un ejemplo de dinero fiduciario porque su valor como trozos de papel impreso es menor que su valor como dinero.
- Tercero, el dinero del banco consiste en el crédito contable que los bancos extienden a sus depositantes. Las transacciones realizadas con cheques retirados de depósitos en bancos implican el uso de dinero bancario.

Las funciones del dinero.

El dinero tiene tres funciones principales:

- Primero, es un medio de intercambio.
- En segundo lugar, es una unidad de cuenta.
- Y tercero, actúa como una reserva de valor.

Cada elemento de la sociedad usa el dinero como medio para hacer intercambios. Por ejemplo, los productores venden sus productos a mayoristas (a cambio de dinero). Posteriormente, los mayoristas venden sus productos a los consumidores.

En pocas palabras; el dinero facilita los intercambios en la economía.

También actúa como una unidad de cuenta. En otras palabras, lo usamos para medir el valor de varios bienes y servicios en una economía. Esencialmente sirve como un estándar de valor.

Antes de que existiera el dinero (cuando el trueque era el principal medio por el cual las personas comerciaban), era difícil almacenar un excedente de valor. Hoy, sin embargo, las personas pueden almacenar el poder adquisitivo excedente y usarlo en cualquier momento.

¿Qué es la administración del dinero?

La administración del dinero es una técnica estratégica empleada para hacer que el dinero rinda con el mayor valor de interés por cualquier cantidad gastada. En otras palabras, se refiere a cómo una persona maneja todos los aspectos de sus finanzas, desde hacer un presupuesto para el destino de cada cheque de pago hasta establecer metas a largo plazo para elegir inversiones que lo ayudarán a alcanzar esas metas. La administración del dinero no se trata solo de decir "no" a cualquier compra, sino de desarrollar un plan que le permita decir "sí" a las cosas que son más importantes para usted. Cualquier cantidad de dinero puede resultar demasiado pequeña si no se tiene buenas habilidades de administración de dinero.

Objetivos de la administración del dinero

Los objetivos pueden ser:

- ✓ Garantizar un suministro regular y adecuado de fondos a la empresa.
- ✓ Asegurar retornos adecuados para los accionistas que dependerán de la capacidad de ganancia, el precio de mercado de la acción, las expectativas de los accionistas.
- ✓ Garantizar la utilización óptima de los fondos. Una vez que se obtienen los fondos, se deben utilizar de la manera más posible al menor costo.
- ✓ Promover la seguridad de la inversión, es decir, los fondos deben invertirse en empresas seguras para que se pueda

lograr una tasa de rendimiento adecuada.

✓ Planificar una estructura de capital sólida: debe haber una composición sólida y justa del capital para que se mantenga un equilibrio entre la deuda y el capital social.

Puntos clave para una buena administración del dinero

- Saber dónde estás

El comienzo de una buena administración del dinero requiere que sepas dónde se encuentra en términos de activos (cosas que posee) y pasivos (cantidades que debe). Sus activos incluyen sus cuentas bancarias, cuentas de inversión, cuentas de jubilación y propiedades, como su casa y automóvil. Sus pasivos incluyen los saldos de sus tarjetas de crédito, préstamos estudiantiles, préstamos para automóviles, hipotecas y otras deudas. Cuando resta sus activos de sus pasivos, obtiene su patrimonio neto. Si sus pasivos son más que sus activos, su patrimonio neto es negativo. Pero, con una buena administración del dinero, puede cambiar eso.

- Estableciendo objetivos

Los objetivos nos ayudan a definir la forma en la que debemos administrar nuestro dinero. Es fácil pasar por alto los objetivos a largo plazo a favor de tratar de averiguar qué facturas se pagan hoy. Sin embargo, al establecer objetivos, puede dar claridad sobre qué gastos son necesarios y cuáles puede recortar. No existe un "bien" y un "mal" universales en lo que respecta a sus objetivos de gastos, pero se necesita un esfuerzo para alcanzarlos. Por ejemplo, si es su sueño tener un automóvil que cuesta $ 25,000, debe hacer más recortes de gastos que alguien que solo quiere gastar $ 10,000 en un automóvil.

- Crear y ajustar el presupuesto

La creación de un presupuesto le ayuda a mantenerse al tanto de la administración del dinero porque destina ciertas cantidades para ciertos gastos. Por ejemplo, puede limitarse a $ 200 por entretenimiento cada mes después de tener en cuenta otras necesidades básicas y pagos de deudas. Sin embargo, su presupuesto puede ser un objetivo móvil con el tiempo. Si se da cuenta de que puede comprar comestibles en oferta y ahorrar $ 50 al mes, puede aumentar su presupuesto de entretenimiento a $ 225 y agregar $ 25 a su presupuesto de ahorro. Alternativamente, si obtiene un aumento de sueldo, haga un presupuesto que aumente sus ahorros en lugar de agregarlo a los montos de gastos discrecionales.

- Administrar múltiples cuentas

A medida que ahorra para diferentes objetivos, es probable que se tenga dinero en varias cuentas. Por ejemplo, puede mantener su fondo de emergencia en una cuenta de ahorro separada para no verse tentado a utilizarlo para una compra impulsiva. También utilizará diferentes estrategias para objetivos con diferentes horizontes de tiempo. Es posible que pueda ser más agresivo invirtiendo en acciones y bonos con fondos en su cuenta de jubilación si no necesita el dinero durante 30 años. Por otro lado, querrá una cuenta sin ningún riesgo, como una cuenta de ahorros, para su fondo de emergencia porque podría necesitar ese dinero en cualquier momento. Un programa de software, como Quicken, puede ayudarlo a realizar un seguimiento de sus diversas cuentas para asegurarse de que se mantiene al día con sus objetivos de gastos y ahorros.

Técnicas para la administración del dinero

1. Evitar cualquier gasto innecesario.

2. Siempre optar por la alternativa más rentable.

3. Aumentar los gastos más en concepto de intereses que en cualquier otra cosa.

4. Establecer los beneficios esperados de cada gasto deseado utilizando el canon de más / menos / nulo al sistema de valor de nivel de vida.

Todas estas técnicas tienen el objetivo de impulsar la inversión y multiplicar la cartera.

Capítulo 2

¿Qué es un presupuesto?

Presupuestar es planificar cómo va a utilizar el dinero que gana. Incluye una lista de gastos de los que debe encargarse. Elaborar un presupuesto lo ayuda a ver si aún le quedaría dinero después de pagar todos sus gastos. Estima la cantidad de ingresos y gastos que puede experimentar en un período futuro.

Un presupuesto representa su posición financiera. Es una buena manera de ver si está, financieramente, en un buen lugar para vivir cómodamente y sin deudas.

La palabra presupuesto, sin embargo, tiene un significado ligeramente diferente a "tener un presupuesto". Presupuestar es cuando proporcionas o reservas una cierta cantidad de dinero para un propósito específico. Por lo tanto, puede estar presupuestando una casa, un automóvil, etc., lo que a menudo se conoce como ahorro.

El presupuesto estudia y calcula la entrada de recursos, los costos y los tiempos en que estos pasan por el proceso productivo, el tiempo de venta, el tiempo de recaudo del efectivo y de la circularidad con que estos vuelven a producir nuevos recursos, para mostrar al final la rentabilidad de los recursos circularizados puestos a disposición.

¿Por qué hacer un presupuesto?

El seguimiento de los gastos que realizamos nos da un fuerte sentido de a dónde va nuestro dinero y puede ayudarnos a alcanzar nuestras metas financieras.

El presupuesto, es una guía continua que debe ser controlada y evaluada continuamente. Cada año debe evaluarse el presupuesto anterior y planificar el nuevo presupuesto.

Ventajas de realizar un presupuesto:

El presupuesto desempeña un papel importante en el uso efectivo de los recursos y en el logro de los objetivos generales de la organización.

Tiene las siguientes ventajas:

1. El presupuesto obliga y motiva a la gerencia a hacer un estudio temprano y oportuno de sus problemas. Genera un sentido de precaución y cuidado, y un estudio adecuado entre los gerentes antes de que ellos tomen decisiones.
2. El presupuesto proporciona un medio valioso para controlar los ingresos y gastos de una empresa o de uno mismo, ya que es un "plan de gastos".
3. El presupuesto proporciona una herramienta a través de la cual las políticas y objetivos de gestión se evalúan, prueban y establecen periódicamente como pautas para toda la organización.
4. El presupuesto ayuda a dirigir el capital y otros recursos hacia los canales más rentables.
5. El presupuesto permite descentralizar la responsabilidad sin perder el control del negocio. Revela debilidades, ineficiencias, desviaciones en la organización muy rápidamente que se pueden verificar de inmediato para lograr el objetivo deseado.
6. El uso del presupuesto en una organización desarrolla una actitud de

"conciencia de costos", estimula el uso efectivo de los recursos y crea un ambiente de lucro en toda la organización. Enfatiza cuánto se debe gastar para lograr un objetivo.

7. Proporciona una norma, base o criterio para medir el desempeño de los departamentos y las personas que trabajan en organizaciones. Los gerentes individuales pueden evaluar sus propias decisiones y logros y tomar medidas adecuadas para mejorar su desempeño.
8. La elaboración de presupuestos fomenta la competencia productiva, brinda incentivos para desempeñarse eficientemente y da un sentido de propósito a cada individuo en la organización. Todos estos factores positivos conducen a una mayor producción y aumentan la productividad de los empleados.
9. El presupuesto proporciona un enfoque sistemático y disciplinado para la solución de problemas en la organización.
10. El presupuesto se ejecuta en casi todas las empresas, ayudando a la economía

nacional total al proporcionar estabilidad en el empleo, uso económico de los recursos y prevención efectiva de los desechos.

Limitaciones o desventajas de realizar un presupuesto:

Si bien el presupuesto realiza muchas funciones y tiene muchas ventajas que son vitales para una organización, tiene ciertas limitaciones que requieren una consideración cuidadosa:

1. Planear, presupuestar o pronosticar no es una ciencia exacta; utiliza aproximaciones y juicios que pueden no ser ciento por ciento exactos. En el mejor de los casos, un presupuesto es una estimación; nadie sabe con precisión lo que sucederá en el futuro.
2. El éxito y la utilidad del presupuesto dependen de la cooperación y participación de todos los miembros de la gerencia. Todas las personas deben dirigir sus esfuerzos de acuerdo con el plan. La alta dirección también debe cumplir con el presupuesto y brindar cooperación. Muchas veces el hecho de

realizar un presupuesto ha fallado porque la gerencia ejecutiva solo ha prestado atención a su ejecución.

3. Un presupuesto es solo una herramienta y no elimina ni toma el lugar de la administración. Un presupuesto no puede ser sustituido por la administración, sino que solo debe ser utilizado por la administración para realizar funciones gerenciales. Los ejecutivos generalmente se sienten "rodeados" por un presupuesto y sus cifras relacionadas. No entienden que el presupuesto está destinado a proporcionar información detallada, metas y objetivos que pueden ayudarlos a alcanzar los objetivos de la empresa.
4. El establecimiento de un proceso presupuestario lleva tiempo. Además, a veces se espera demasiado de un presupuesto y, en caso de que no se cumplan las expectativas, la culpa es del presupuesto. Un programa de presupuesto eficiente requiere que las personas responsables comprendan la

filosofía, los objetivos y los elementos esenciales del presupuesto.

5. El énfasis excesivo en la elaboración de presupuestos puede dar lugar a intentos por parte de la administración de nivel inferior y los empleados de alterar el sistema al proporcionar estimaciones inexactas de los costos e ingresos futuros, y al no aprovechar los cambios en el entorno porque hacerlo provocaría una desviación desde el plan, se considerarían operacionales contrarios al presupuesto. Bajo un programa de presupuesto desequilibrado, los empleados tenderán a sobreestimar los costos y subestimar los ingresos, creando así una holgura presupuestaria.
6. A medida que se acerca el final del período presupuestario y los empleados se dan cuenta de que los gastos reales no han sido tan grandes como los permitidos por el presupuesto, puede haber una tentación de gastar cantidades excesivas para "agotar" la asignación presupuestaria. Dichas actividades

resultan en bajas ganancias para la empresa.

Obstáculos para presupuestar

- Falta de disciplina.
- Pensar que no importa.
- Ser confiado, pensar que la familia u otra persona nos enviará más dinero.

Recomendaciones para un presupuesto exitoso

- Identificar todas las fuentes y cantidades de ingresos.
- Identificar cómo se gastan los dólares hoy.
- Calcular cantidades de presupuesto.
- Establecer objetivos y hacer ajustes.

Pasos para realizar un plan presupuestario sólido.

Todo gran plan financiero comienza con un presupuesto sólido. Si está tratando de pagar las facturas o ahorrar para unas vacaciones de ensueño, un presupuesto es el primer paso para hacer realidad sus metas financieras. Siga estos pasos para configurar un presupuesto realista que lo lleve a donde desea ir.

1. Calcular gastos

Su primer negocio es averiguar exactamente cuánto gasta cada mes. Haga esto consultando sus extractos bancarios, recibos y archivos financieros. Debido a que algunos gastos son intermitentes, como los pagos del seguro, obtendrá la imagen financiera más precisa si calcula un promedio de seis meses a un año. Sume todo lo que gastó durante los últimos seis a 12 meses y luego divida por la cantidad de meses, lo que le dará sus gastos mensuales promedio.

Recuerde que ser minucioso cuando suma gastos es importante para crear un presupuesto realista. Una factura olvidada realmente pone una llave en su plan de ahorro. Al calcular sus gastos, también tenga en cuenta las facturas inesperadas, como reparaciones no planificadas de automóviles. Una buena regla general es agregar un 10 por ciento adicional al 15 por ciento. Entonces, si ha determinado que gasta $ 1,500 al mes, agregue $ 150 a $ 225.

2. Determine su ingreso

Una vez que haya calculado cuánto dinero necesita para mantenerse a flote financieramente cada mes, es hora de determinar sus ingresos reales. Además de su salario regular, obtenga una imagen precisa agregando los fondos adicionales que se le presenten durante todo el año, como obsequios en efectivo, venta de artículos en línea o en ventas de garaje, y no olvide otras fuentes de ingresos como pensión alimenticia, manutención infantil, intereses, dividendos e ingresos por alquileres.

3. Establecer metas de ahorro y pago de deudas

Para determinar objetivos realistas de ahorro y pago de deudas, debe averiguar si tiene un déficit o un exceso de presupuesto. Haga esto restando sus gastos mensuales de sus ingresos. Si determina que está ganando más dinero del que está gastando, felicidades. Esta cantidad se puede destinar a ahorros y para pagar deudas.

Pero si determina que está gastando más de lo que está ganando, es hora de hacer algunos recortes para tener algo que ahorrar y no endeudarse más. La mejor manera de averiguar dónde puede reducir sus gastos es hacer un seguimiento de sus gastos y registrarlos durante un mes. Los artículos aparentemente insignificantes, como una taza de café, se acumulan con el tiempo. Por ejemplo, incluso si gasta solo $ 5 a la semana en refrigerios, eso suma $ 260 al año, lo cual no es insignificante.

Una vez que tenga una idea clara de a dónde va todo su dinero, sea implacable en la reducción de gastos hasta que su presupuesto esté estabilizado. Recorte lo suficiente para que le queden entre el 10 y el 20 por ciento de sus ingresos cada mes para agregar a su cuenta de ahorros. Si no puede reducir una cantidad suficiente de su presupuesto, considere formas de aumentar sus ingresos.

4. Registro de gastos y seguimiento del progreso

La mejor manera de mantenerse por encima de su presupuesto es registrar todos sus gastos e ingresos. Tener que ingresar los gastos lo hará pensar dos veces antes de derrochar, y es especialmente satisfactorio y motivador registrar cuando ha alcanzado un objetivo de ahorro.

5. Sea realista

Trate de cumplir con su presupuesto la mayor parte del tiempo y seguramente alcanzará sus metas financieras. Romper su presupuesto ocasionalmente está bien, siempre que vuelva a la normalidad lo antes posible.

Capítulo 3

¿Qué es el ahorro?

Ahorrar no es la ausencia de gasto. Se define como el acto intencional de apartar dinero para un objetivo o propósito específico. Trust también afirma que el ahorro es el porcentaje del ingreso que no se destina al gasto y que se reserva para necesidades futuras a través de diversos mecanismos financieros.

¿Qué significa ahorrar dinero?

Ahorrar dinero es guardar dinero para algo. Por ejemplo, ahorrar dinero para comprar un automóvil o una casa o incluso un par de zapatos. Es el proceso de tomar parte de sus ingresos y reservar para uso futuro.

La medida en que ahorre depende de sus preferencias para el consumo futuro sobre el presente. Ahorrar sería similar a presupuestar algo específico. En una oración, significarían lo mismo.

Presupuestos para ahorros

El presupuesto entra en juego para muchas personas que desean ahorrar una cierta cantidad de dinero, como un pago inicial para una casa, dinero para un automóvil nuevo o regalos para las vacaciones.

Un sistema que da resultado en la práctica consiste en apartar la cantidad que se desea ahorrar al comienzo el mes, ya que de esta forma enfrentaremos la debilidad de nuestra naturaleza humana, que intentará traicionar el objetivo propuesto, traspasando a consumo los excedentes destinados a ahorro. Uno está programado mentalmente para pagar primero las deudas, al momento de recibir el sueldo de fin de mes, ya que el "sistema" no le dará tregua, conminándolo a mantener al día los pagos de los compromisos adquiridos, o de otra manera, será expulsado fuera de él. Este temor hace que cuando recibimos el sueldo, uno termine pagándoles a todos, menos a uno mismo, que es quien trabajó para ganar aquel dinero. Recuerde que es legítimo que una parte de lo que usted gana sea para que la ahorre, afirma Trust.

Una vez que haya definido para qué está ahorrando, cuánto necesita ahorrar, y cuándo necesita ese dinero, puede crear un presupuesto o una hoja de ruta, que lo ayudará a ahorrar la cantidad correcta para sus objetivos financieros importantes.

Algunos ejemplos de objetivos de ahorro incluyen:

- Construir un fondo de emergencia.
- Ahorro para celebraciones navideñas o regalos especiales.
- Ahorro del 10% al 15% de sus ingresos para la jubilación.
- Reservando $ 40 por mes para futuras reparaciones de automóviles.
- Crear un fondo universitario para sus hijos (o usted mismo).
- Tener suficiente dinero disponible para cubrir todos los deducibles de su seguro (seguro de salud, seguro de propietario o inquilino, seguro de discapacidad) para que si necesita hacer un reclamo, pueda pagar fácilmente el deducible sin preocupaciones.

Presupuesto vs. Ahorro de dinero

Casi no hay diferencia entre los dos. "Estoy presupuestando para un automóvil" vs. "Estoy ahorrando para un automóvil" es lo mismo. Sin embargo, "ahorrar" no es lo mismo que "presupuestar". Presupuestar le ayuda a ahorrar.

Ahorrar es guardar dinero. Un presupuesto es un plan de gastos.

¿Por qué es importante ahorrar?

Es importante ahorrar dinero por las siguientes razones:

Volverse financieramente independiente

Significa tener la libertad de tomar decisiones en su vida aparte de ganar un cheque de pago.

Para salir de la deuda

Si alguna vez quiere salir de la deuda, debe ahorrar algo de dinero. Suena irónico, ¿no? Sin embargo, las tarjetas de crédito nunca se pagarán si tiene que seguir usándolas para cada "emergencia" que se presente.

Cubrir gastos anuales

Si desea tener una vida financiera buena y relativamente libre de estrés, debe ahorrar para gastos anuales. Estos pueden incluir dinero para obsequios, vacaciones, mantenimiento de vehículos, reparaciones menores del hogar, reparación de electrodomésticos, impuestos a la propiedad y posiblemente impuestos a la renta.

Gastos imprevistos

No siempre puede contar con que el banco le preste dinero para cualquier tipo de imprevistos (un accidente, perder el trabajo, reparación del automóvil, etc.) Es mucho mejor anticipar el peor de los casos y ahorrar algo de dinero.

Tener una buena vida

Hay grandes consecuencias emocionales, psicológicas y físicas por vivir siempre estresado. Por ello, ser organizado no te hará feliz por sí solo, pero seguramente puede ayudar. Hay tanto en su futuro sobre el que no tiene control, por lo que reservar algo de dinero para gastar cuando lo necesite es organizar y tomar el control de su futuro y sus asuntos financieros.

Desventajas de ahorrar dinero

Comencemos con las desventajas.

En primer lugar, ahorrar dinero significa que no lo está gastando. Y es posible ser demasiado frugal. ¿Estás haciendo cosas como saltarte las citas con el dentista no porque no puedas pagarlas sino porque quieres ahorrar dinero? Eso es demasiado frugal. Claro, ahorra ahora, pero si termina necesitando un tratamiento de conducto, eso le costará mucho más. La atención preventiva lo vale.

Si te enfocas demasiado en ahorrar dinero, podrías tomar malas decisiones cuando se trata de gastos. Puede ahorrar dinero contratando al contratista más barato para construir su cerca, y luego quedar atrapado con una cerca que se cae al año siguiente durante una tormenta. Claro, ahorró dinero por adelantado, pero ¿valió la pena?

También puede perderse experiencias porque está ahorrando dinero. ¿Todos tus amigos van a un concierto al que quieres ir, pero decides que necesitas ahorrar dinero? Eso puede ser un fastidio definitivo. Y si siempre está ahorrando, probablemente nunca viaje, y creo que todos deberían aprovechar la oportunidad de viajar, ya sea dentro de su propio país o internacionalmente. Tómese el tiempo para tomar un descanso. Estar atascado salvando el hogar es una de las desventajas de ahorrar dinero.

Definitivamente no querrás descubrir en tus 90 años, que nunca sales de casa, que parece que no tienes dinero, que nunca viajas, que nunca compras nada agradable y vives como un pobre, pero cuando mueres, resulta que tienes millones en el banco. Tienes que tener algún tipo de equilibrio.

En general, creo que todos deberían tener un poco de dinero divertido en su presupuesto. Incluso si está tratando de lograr un objetivo de ahorro, necesita tener un poco de dinero que pueda gastar en algo que desee, ya sea entradas de cine o música descargable o una noche en la ciudad.

Ventajas de ahorrar dinero

Por supuesto, por cada desventaja de ahorrar dinero, existe una ventaja.

La gran ventaja de ahorrar dinero es que está preparado cuando necesita gastarlo. Digamos que después de que su cerca barata se caiga, usted decide gastar el dinero para repararla adecuadamente. Victoria definitiva.

Al guardar dinero, incluso pequeñas cantidades a la vez, es posible que algún día puedas hacer una gran compra sin tener que financiarla. ¿No sería bueno poder comprar un automóvil en efectivo y no tener que pagar un préstamo? ¿No sería increíble poder comprar una casa en efectivo y no tener que pagar una hipoteca? (Bien, entonces este es menos probable, pero dependiendo de dónde vivas, ciertamente es posible).

Si está ahorrando su dinero en una cuenta bancaria o en CD, también ganará dinero ahorrándolo. Todo ese interés se suma. Y puede invertir parte de ese dinero y ayudarlo a seguir creciendo.

Para mí, la clave es equilibrar las ventajas y desventajas de ahorrar dinero. Ahorre, pero no demasiado. No permita que ese sueño de jubilación anticipada signifique que está viviendo en una cabaña en ruinas. Encuentre el equilibrio entre sus objetivos de ahorro y sus necesidades y deseos de gasto.

Capítulo 4

¿Qué es una deuda?

Es un compromiso de pago obligado entre dos entidades (pueden ser personas, grupos, empresas, Estado).

El proceso de cobro de deudas

El proceso de cobro de deudas comienza cuando falta un pago en una tarjeta de crédito o préstamo. El deudor tiene 30 días a partir de la fecha de vencimiento de la factura (no la fecha de facturación) para realizar el pago antes de informarlo a los burós de crédito. Durante este tiempo, el acreedor intentará comunicarse con el deudor por teléfono, correo electrónico o carta para recibir su pago y cualquier cargo por demora. Es mejor hacerse cargo de la deuda durante este período de 30 días. El deudor puede explicar su situación y establecer un plan de pago.

Después de 30 días, la deuda se transfiere a otro departamento de la misma compañía que se especializa en recuperar la deuda morosa. Esta no es una agencia de cobranza, solo un departamento dentro de la compañía de préstamos. Podrían informar su morosidad a una agencia de crédito y cerrar su cuenta de tarjeta de crédito.

Después de 180 días, el acreedor generalmente contraerá la deuda o la cancelará de sus libros y la venderá a una agencia de cobro de deudas. Tenga en cuenta que el acreedor podría contraer o vender la deuda en cualquier momento antes de los 180 días, por lo que es mejor actuar lo antes posible.

Consejos para salir de la deuda

Antes de comenzar a "atacar" tus deudas, el primer paso es ahorrar una buena cantidad de dinero para tener un fondo de emergencias. ¿Qué es un fondo de emergencias? Cuando surgen eventos y situaciones inesperadas como accidentes, viajes, reparaciones de autos o cualquier otra cosa que implique un gasto grande, lo más normal es que acabemos endeudados porque en el momento no tenemos el dinero suficiente para cubrir esos gastos.

En cambio, si tenemos un fondo de emergencias, no acumularíamos más deudas si tuviéramos que hacer un gasto inesperado.

1. Comienza un negocio propio.

¡Comenzar su propio negocio nunca ha sido tan fácil! ¿Tienes un don para hacer cosas? ¡Vende tus productos en línea! ¿Eres un amante de los animales? Tome pasear perros o cuidar mascotas. ¿Tienes buen ojo y una buena cámara? Comience a aceptar clientes para sesiones de fotos.

2. Consigue un trabajo a tiempo parcial.

¿No quieres comenzar tu propio negocio? Entonces considere convertirse en un conductor para Lyft o Uber. Un trabajo de entrega de pizza por la noche también podría traer dinero extra. Incluso puede entregar otros tipos de alimentos en su tiempo libre trabajando para lugares como uberEATS o Grubhub app. Claro, tendrá que dejar de lado su orgullo y renunciar a algunas noches y fines de semana de inactividad. Pero eso es un pequeño sacrificio por dinero extra en su bolsillo.

3. ¡Vende el auto!

El pago mensual promedio de un auto nuevo es de $ 523. ¡Eso es simplemente indignante! ¿Cuánto más rápido podría moverse su bola de nieve de deuda si aplicara esos $ 500 cada mes?

4. Corte sus tarjetas de crédito.

Destrúyalos, quémalos, dispárales. Nunca saldrá de la deuda hasta que deje de hacer de la deuda una forma de vida.

5. Use el sistema de sobres.

Cuando paga en efectivo, realmente *siente que* su dinero se va de sus manos. ¡Ay! A nadie le gusta eso. Las personas tienden a gastar menos cuando pagan en efectivo frío y duro. Con el sistema de sobres, verá que el efectivo se está reduciendo para que pueda realizar un seguimiento de cuánto está gastando.

6. Deja de invertir.

Sí, has leído bien. Y sí, incluso nos referimos a dejar de contribuir a su 401 (k). En este momento, desea que todos sus ingresos se destinen a salir de la deuda. Una vez que esté libre de deudas y haya ahorrado de tres a seis meses de gastos en un fondo de emergencia, puede reanudar sus contribuciones. Para entonces, podrá comenzar a destinar el 15% de sus ingresos a la jubilación.

7. Ignora a tus amigos quebrados.

¡Deja de tratar de seguir el ritmo de los Jones! ¡Recuerda que ahora estás viviendo como nadie más para que luego puedas vivir como nadie más! En 20 años, no tendrá una preocupación financiera en el mundo, mientras que todos los demás tendrán préstamos para automóviles, hipotecas y facturas de tarjetas de crédito.

8. ¡Haz un presupuesto!

¡El presupuesto debe ser fácil y, nos atrevemos a decirlo, divertido! Enfoque su dinero en lo que importa: gastos diarios, esas deudas molestas y creación de riqueza.

9. Dile a los niños que tienes un presupuesto limitado.

Cuando se trata de dinero, los niños pueden ser una guía peor que su estómago. Sé abierto con ellos sobre lo que *haces* y *no* tienes espacio en el presupuesto. Y recuerde: nunca tenga miedo de usar esa palabra mágica, "no".

Ventajas frente a desventajas del financiamiento de la deuda

Ventajas

- **Retener el control.** Cuando acepta el financiamiento de la deuda de una institución de crédito, el prestamista no tiene voz en cómo administra su empresa. Tomas todas las decisiones. La relación comercial termina una vez que haya pagado el préstamo en su totalidad.
- **Ventaja fiscal.** El monto que paga en intereses es deducible de impuestos, reduciendo efectivamente su obligación neta.
- **Planificación más fácil.** Usted sabe de antemano exactamente cuánto capital e intereses pagará cada mes. Esto hace que sea más fácil presupuestar y hacer planes financieros.

Desventajas

El financiamiento de la deuda tiene sus limitaciones y desventajas.

Requisitos de calificación. Necesita una calificación crediticia suficientemente buena para recibir financiamiento.

- **Disciplina.** Deberá tener la disciplina financiera para hacer los pagos a tiempo. Ejerza moderación y use buen juicio financiero cuando use deudas. Un negocio que depende demasiado de la deuda podría ser visto como 'alto riesgo' por los posibles inversores, y eso podría limitar el acceso al financiamiento de capital en algún momento.
- **Colateral.** Al aceptar proporcionar una garantía al prestamista, podría poner en riesgo algunos activos comerciales. También es posible que se le solicite que garantice personalmente el préstamo, poniendo en riesgo sus propios activos.

Factor decisivo

- ¿Qué tan importante es para usted mantener el control total del negocio?

- ¿Qué tan importante es saber exactamente lo que deberás en pagos mensuales?
- ¿Te sientes cómodo haciendo pagos mensuales regulares?
- ¿Eres capaz de calificar para el financiamiento de la deuda? ¿Cómo es tu historial de crédito? ¿Tiene una buena calificación crediticia?
- ¿Tiene garantías que pueda usar? ¿Te sientes cómodo con su uso?

Capítulo 5

¿Qué es invertir?

Se define como la Colocación de recursos financieros que la empresa realiza para obtener un rendimiento de ellos, o bien recibir dividendos que ayuden a aumentar el capital de la empresa.

¿Por qué es importante?

Cuando invierte, está comprometiendo dinero u otro recurso con la expectativa de algún beneficio futuro. Una educación universitaria, por ejemplo, puede considerarse una inversión porque invierte su tiempo (un recurso) con la esperanza de obtener un título y un buen trabajo después de graduarse (el beneficio futuro). En un sentido financiero, invertir significa que un individuo compromete dinero a un activo financiero, o seguridad, como una acción o bono, con la esperanza de recibir aún más dinero en el futuro. El potencial de recibir más dinero más tarde es la razón por la cual las personas invierten en primer lugar.

¿Cómo ganan dinero las inversiones?

La mayoría de las inversiones ganan dinero para un inversor a través de apreciación, pagos de intereses o dividendos. Apreciación significa que el valor de un activo ha aumentado. Si compró un artículo coleccionable por $ 100 y cinco años después valía $ 500, entonces el valor coleccionable se apreció. Los valores pueden hacer lo mismo: una acción emitida por una empresa puede aumentar su valor durante varios años.

Es probable que haya pagado los intereses de un préstamo que haya obtenido, ya sea un préstamo estudiantil o una hipoteca. Estos pagos de intereses que pagó al prestamista fueron como el prestamista ganó dinero en ese préstamo (o inversión). Un tipo de seguridad que emite pagos de intereses a sus inversores es un bono. Cuando compra un bono, está prestando dinero al gobierno o a una corporación, que promete reembolsarle y hacer pagos de intereses sobre el monto que prestó.

Los dividendos también se emiten como un pago a los inversores, pero son realizados por compañías cuyas acciones o patrimonio son de su propiedad. Las empresas públicas emiten acciones para recaudar dinero para actividades comerciales, lo que permite a los inversores comprar estas acciones. Si posee una acción en una compañía, esa compañía también puede emitirle pagos de dividendos como una forma de compartir sus ganancias con sus inversores. Esto se suma a cualquier apreciación en el valor de las acciones.

Riesgos de la inversión

Aunque al invertir puede ganar dinero para usted, no está exento de riesgos. El mayor riesgo con la inversión es que puede perder el dinero que invirtió. A diferencia de las cuentas corrientes o de ahorro, cuyo valor está garantizado por la Federal Deposit Insurance Corporation (FDIC), las inversiones no tienen esa garantía.

Ciertas inversiones son menos riesgosas que otras, pero todas las inversiones conllevan cierto riesgo. La cantidad de riesgo también afecta la tasa de rendimiento de una inversión, lo que significa que alguien asume muchos riesgos, también debe existir la posibilidad de una gran recompensa. Piénselo: no correría un gran riesgo sin la posibilidad de una gran recompensa. Por el contrario, las inversiones con menos riesgo suelen tener rendimientos más bajos.

Una forma en que los inversores reducen su riesgo general es invirtiendo en una variedad de valores diferentes, como acciones y bonos, o incluso en diferentes tipos de la misma seguridad, como bonos gubernamentales y bonos corporativos. Esto se conoce como diversificación, y es un concepto importante que cualquier inversionista debe comprender.

Otro gran riesgo al invertir son sus propias emociones. Muchas inversiones son volátiles a corto plazo, lo que significa que su valor puede fluctuar mucho entre uno y cinco años. Durante las recesiones económicas, el valor de muchas inversiones puede caer dramáticamente. Como inversor, es difícil ver que sus inversiones pierden dinero. Esto puede conducir a decisiones de inversión basadas en el miedo o el pánico, como vender acciones cuando los precios caen demasiado bajos para su comodidad.

Cuando invierte, debe mantener la mayoría de sus inversiones durante diez, veinte o más años. Es durante estos períodos de tiempo más largos que el valor de las inversiones ha aumentado históricamente. Tenga esto en cuenta cuando tome decisiones de inversión. Se desempeñará mejor como inversionista si sus decisiones de inversión se basan en la lógica y la razón en lugar de las emociones.

Es posible que haya escuchado invertir en comparación con los juegos de azar, y si invierte de una manera desfavorable, puede ser lo mismo. Sin embargo, los inversores inteligentes se acercarán a invertir estratégicamente para elegir inversiones que tengan una buena expectativa de rendimiento. El juego, por otro lado, generalmente se basa puramente en el azar.

¿Por qué importa invertir?

Cuando piensa en invertir en términos de capitalización y tiempo, es fácil entender por qué las personas arriesgarían su dinero por un posible rendimiento. Es posible que recuerde haber aprendido sobre el interés compuesto en la clase de matemáticas, pero el principio es simple: los rendimientos que gana con el dinero pueden ser compuestos, y luego comienzan a obtener rendimientos también. Cuando le da a su dinero suficiente tiempo para capitalizar, el crecimiento puede volverse exponencial.

¿Cómo comenzar a invertir?

El advenimiento de la inversión en línea ha facilitado comenzar a invertir. Muchos corredores en línea no requieren una cantidad mínima para comenzar, por lo que puede comenzar con tan solo $ 50. Algunos tipos de corredores, como los corredores de servicio completo, seleccionarán sus inversiones para un enfoque verdaderamente directo. Tenga en cuenta que todos los corredores cobran una variedad de tarifas por usar sus servicios; debes entenderlos antes de registrarte.

También debe comprender qué tipo de cuenta abrirá, cuánto tiene que invertir y en qué invertirá. La mayoría de los nuevos inversores afirman que sería prudente invertir en fondos mutuos de índice de bajo costo y ETF en lugar de elegir acciones o bonos específicos. Esto se debe a que los fondos le permiten tener una parte de decenas o cientos de valores diferentes y muchos están bien diversificados y son asequibles. Con cualquier estrategia que elija, asegúrese de investigar y comprender todos los riesgos involucrados.

Capítulo 6

Teorías sobre el dinero

- El sistema de los tarros de dinero de T. Harv Eker

T. Harv Eker lo resume con estas sabias palabras: "El hábito de administrar su dinero es más importante que la cantidad". Y este es uno de los 17 factores que diferencia a las personas ricas de las personas pobres.

Muchas personas intentan enriquecerse emulando la estrategia de inversión multimillonaria de Warren Buffett. Es genial, aunque extrañan (o eligen ignorar) un ingrediente importante, una de las razones por las que Buffett es tan rico es porque también es infamemente frugal.

Existen numerosos ejemplos de la frugalidad de Buffett. Por ejemplo, cuando nació su primer hijo, Buffett convirtió un cajón en un moisés. Para su segundo hijo, tomó prestada una cuna. Condujo un Volkswagen hasta que su esposa lo actualizó a un Cadillac (que ella sintió que era mejor para su imagen). Buffett todavía vive en Omaha, Nebraska, en la casa que compró por $ 31,500 hace más de 50 años. Entiendes la deriva ...

Buffett maneja su dinero y riqueza con el principio de que las pequeñas sumas se componen. Cada centavo que no se gasta hoy significa mucho más dinero para invertir o usar en el futuro. En el libro The Millionaire Next Door , Stanley y Danko también encontraron algunas verdades interesantes sobre muchos hogares millonarios que describieron en Estados Unidos: la mayoría de los hogares millonarios que describieron no tenían estilos de vida extravagantes y artículos de lujo como relojes de marca, trajes, automóviles, etc.). Acumulan tanta riquezas precisamente porque viven *por debajo de* sus posibilidades.

T. Harv Eker lo resume con estas sabias palabras: "El hábito de administrar su dinero es más importante que la cantidad". Y este es uno de los 17 factores que diferencia a las personas ricas de las personas pobres.

El concepto de 6 jarras para la gestión de la riqueza

La idea de este sistema es simple: separe sus ingresos en 6 cuentas diferentes para fines específicos. También puede usar frascos físicos, sobres, etc. y etiquetarlos en consecuencia. Lo más importante es depositar constantemente en estos frascos / cuentas de la siguiente manera:

Necesidades (50%):

La mitad de sus ingresos se destina a necesidades reales (N) como alimentos, pagos de hipotecas, facturas, gas, petróleo, seguros, etc. Si no puede cubrir todas sus necesidades con el 50% de sus ingresos, debe hacer uno (o ambas) de estas cosas:

- Simplifique su vida: descubra cómo puede gastar menos
- Gane más: descubra cómo puede ganar más

Cuenta de libertad financiera (10%):

El 10% de sus ingresos va a su frasco de Libertad Financiera (LF). El dinero en este frasco *solo se* puede usar para inversiones (con rendimientos o ganancias). Este frasco se utiliza para generar riqueza para su futura libertad financiera. Debe *no* gastar este dinero.

Ahorro a largo plazo (10%):

El 10% de sus ingresos se destina al frasco denominado Ahorro a largo plazo (ALP) para gastos. El objetivo de este frasco es ahorrar dinero para gastos futuros (por ejemplo, un auto nuevo, unas vacaciones, un sofá nuevo, regalos, pagar deudas ...).

Educación (10%):

Las personas exitosas invierten y crecen constantemente. Por lo tanto, el 10% de sus ingresos se destina al frasco de Educación (E). Cuantos más conocimientos y habilidades adquieran, mayor será su capacidad de ingresos. Y cuanto más gana, más necesita aprender (¿cómo administrar su riqueza adicional?, ¿cómo llevar sus ingresos al siguiente nivel?, etc.). Use el dinero de este frasco para el desarrollo personal o profesional (por ejemplo, libros, cursos, seminarios).

Jugar (10%):

El 10% de sus ingresos va al frasco del juego (J). Es importante darse un capricho de vez en cuando con un buen masaje, ropa nueva, una cena elegante ... Para evitar gastar de más o de menos, asegúrese de usar el dinero de este frasco al menos cada poco mes. Esto le permite gastar sin culpa y también mejorar gradualmente su nivel de vida a medida que aumentan sus ingresos.

Dar (10%):

El 10% de sus ingresos va al frasco de dar (D). Sin importar cuán pobres sean sus circunstancias, siempre habrá alguien que se encuentre en un estado aún más grave. Además del factor de sentirse bien de ayudar a otros, regalar parte de sus ingresos también lo ayuda a desarrollar inconscientemente la mentalidad de riqueza que tiene más que suficiente para regalar.

La idea de este sistema es simple: primero separe sus ingresos en 6 cuentas diferentes para fines específicos. Puede usar cuentas bancarias o frascos reales o también puede usar frascos físicos, sobres, etc. y etiquetarlos en consecuencia. Lo más importante es depositar constantemente en estos frascos o cuentas de la siguiente manera:

Empezando a aplicar las 6 jarras

Aquí hay 3 pasos simples para comenzar:

Primero, conozca sus porcentajes. No puede administrar su dinero sin saber cuánto gana y gasta. Puede comenzar calculando sus ingresos mensuales actuales y la cantidad que se colocará en cada uno de los 6 frascos. Luego, registre cuánto dinero gasta diariamente. El solo hecho de conocer sus patrones de gasto ya es un primer paso en la dirección correcta.

Segundo, cambia tu mentalidad. Comprenda que la administración del dinero no se trata de restringir su libertad; es crear eventualmente una libertad financiera. Varios años a partir de ahora, puede jubilarse felizmente mientras sus amigos (que ahora disfrutan de la "buena vida") todavía se esfuerzan para pagar su costoso estilo de vida. Recuerda constantemente en voz alta "¡Soy un excelente administrador de dinero!".

Tercero, no entretenga ninguna excusa. Es fácil decir "Lo haré mañana" o "No tengo tiempo para eso". La gran pregunta que debe hacerse es: ¿cuándo desea ser rico y financieramente libre? Si usted es serio acerca de sus objetivos financieros, entonces no se deben permitir excusas. Comience ahora y cumpla con su plan.

Teoría de Warren Buffett

Warren Buffett ha construido su propia fortuna personal a más de $ 72 mil millones, convirtiéndolo en la tercera persona más rica del mundo. No solo eso, ha ofrecido muchos consejos de sentido común sobre la creación de riqueza que absolutamente cualquier persona puede seguir, ya sea que sepan algo sobre inversiones o no.

Nunca pierdas dinero.

"Regla número 1: nunca pierdas dinero. Regla número 2: nunca olvides la regla número 1", dijo Buffett. Por supuesto, esto es una obviedad: no conozco a nadie que piense que perder dinero es una *buena* idea.

Pero vaya más allá de esa obviedad, y este es un consejo práctico que es muy sabio: evite el riesgo siempre que pueda. En particular, dice, para ser feliz y exitoso, nunca arriesgue algo que necesita para obtener algo que desea, incluso si las probabilidades son de mil a uno a su favor.

Con esta regla en mente, el propio Buffett se abstuvo de hacer muchas inversiones arriesgadas a lo largo de los años y dejó pasar lo que podrían haber sido grandes ganancias, por ejemplo, en tecnología. Sin embargo, con el tiempo, esta estrategia de aversión al riesgo ha dado excelentes resultados.

Obtenga un alto valor a un precio bajo.

"El precio es lo que pagas, el valor es lo que obtienes", escribió Buffett a los accionistas de Berkshire Hathaway. Por lo tanto, puede perder dinero (y violar la Regla No. 1) si termina pagando más por algo de lo que vale su valor. Esto puede suceder, por ejemplo, cuando usa una tarjeta de crédito y termina agregando mucho interés al precio de lo que ha comprado. O cuando compra algo, desde una parte de acciones hasta una propiedad inmobiliaria, cuando todos los demás compran y el mercado tiene un precio excesivo.

"Ya sea que estemos hablando de calcetines o existencias, me gusta comprar mercancía de calidad cuando está rebajada", escribió Buffett. Es un enfoque sabio.

Adquiera hábitos financieros saludables.

"La mayoría del comportamiento es habitual", dijo Buffett en un discurso a estudiantes universitarios, "y dicen que las cadenas de la costumbre son demasiado ligeras para sentirse hasta que son demasiado pesadas para romperlas".

Todos tenemos hábitos que nos gustaría romper, y otros que nos gustaría formar. Entre los últimos, dice Buffett, lo más importante es ahorrar dinero. "El mayor error es no aprender el hábito de ahorrar adecuadamente", dice. Considere usar deducciones automáticas de su cheque de pago o transferencias automáticas de su cuenta corriente a una cuenta de ahorro o inversión para hacer que este buen hábito sea lo más sencillo posible.

Tenga mucho efectivo disponible.

Buffett dice que Berkshire Hathaway siempre tiene al menos $ 20 mil millones, y generalmente mucho más, en equivalentes de efectivo, listos para ser utilizados en caso de necesidad. Una vez más, esta es una estrategia muy reacia al riesgo que significa sacrificar las mayores ganancias que podría haber obtenido al invertir ese dinero. Pero, mantuvo a la compañía fuera de problemas durante la recesión financiera de 2008 cuando tantos otros tuvieron problemas o fracasaron.

¿No tiene $ 20 mil millones para esconderse en su colchón? Todavía es una muy buena idea tener una porción decente de su dinero en efectivo o en cuentas del mercado monetario, o artículos tales como letras del Tesoro de EE. UU. Esto es especialmente importante si eres emprendedor y puedes tener un ingreso incierto. Como dice Buffett, el efectivo es para un negocio como el oxígeno para un cuerpo: "Nunca lo pensé cuando estaba presente, lo único en mente cuando está ausente".

Invierte en ti mismo.

Buffett a menudo ha dicho que debes invertir en ti mismo tanto como puedas, y en todas las formas que puedas, desde cuidar tu cuerpo hasta encontrar el trabajo que amas o hasta la educación. "Todo lo que hagas para mejorar tus propios talentos y hacerte más valioso será recompensado en términos de poder adquisitivo real apropiado", dijo en una entrevista. Esas devoluciones se multiplicarán por 10, y a diferencia de otros activos, no se te pueden quitar tus habilidades y habilidades.

Eso puede significar ir a la escuela, o podría significar tomar un puesto de capacitación, comenzar su propio negocio o incluso tomar un puesto de voluntario si le enseñara algunas habilidades que no tenía antes. Lo que te hace más inteligente te hace más rico.

Establezca objetivos a largo plazo.

El error que comete la mayoría de las personas es que intentan atrapar cualquier ola de aumento de los precios y los rápidos retornos que creen ver a corto plazo, dice Buffett. Ese tipo de pensamiento casi siempre pone a las personas en problemas. En cambio, aconseja, "invertir con un horizonte de varias décadas". En lugar de tratar de ganar dinero rápido, debe centrarse en aumentar su poder adquisitivo durante toda su vida. Eso suena como un enfoque muy sensato para mí.

Pasos de acción: inspirados por Warren Buffett

- Ahorre dinero al decidir dónde escatimar y dónde derrochar.
- Comience a desviar parte de sus ingresos a una cuenta de inversión.
- Haga un registro de ingresos y gastos y cree un plan de gastos.

Capítulo 7

¿Qué es la libertad financiera?

La libertad es un término abstracto. Es difícil de definirla, pero una cosa es segura: todo el mundo sabe que la quiere. Nadie quiere tener que depender de otra persona para administrar sus finanzas o proporcionarles dinero cuando lo necesiten. Todos quieren mantenerse en pie y ganarse la vida sin la ayuda de amigos o familiares.

La libertad financiera es la libertad de dejar de tener estrés financiero. Es la capacidad de hacer que el estrés monetario se vaya volando como si nunca hubiera existido.

¿Qué significa tener independencia financiera?

Significa que puede tomarse un día libre del trabajo cuando está enfermo sin preocuparse de que un acreedor lo persiga al final del mes. También, significa que no tiene que filtrar las llamadas telefónicas para evitar malas noticias con respecto a las finanzas.

Beneficios de tener libertad financiera

Hay una gran cantidad de beneficios que se obtienen cuando alcanza cierto nivel de libertad financiera. Tener en cuenta los beneficios a largo plazo lo ayudará a mantener el rumbo mientras trabaja para alcanzar sus objetivos financieros.

Estos son algunos de los principales beneficios de la independencia financiera:

- ✓ **Libertad de la deuda**: Imagina una vida sin deudas. Sin préstamos de tarjeta de crédito para pagar, sin hipotecas pendientes, todos sus ingresos se destinan al crecimiento de su reserva de efectivo e inversiones. Te escucho decir que ese mundo no existe. Sí existe. Para llegar allí, simplemente debes aprender a gastar menos de lo que ganas.

- ✓ **Libertad para hacer lo que quieras**: Cuando no está a merced de los acreedores, puede hacer mucho. Por ejemplo, puede comenzar su propio negocio, mudarse a otra ciudad o país o tomar otras decisiones importantes. El dinero extra y la falta de facturas de tarjetas de crédito le permitirán comenzar nuevos pasatiempos. Tal vez eso sea tan simple como usar algo de dinero extra para aprender a tocar un instrumento musical.
- ✓ **Tiempo**: cuando están endeudados, muchas personas tienen que hacer un trabajo extra para pagar sus cuentas. En esta situación, el tiempo se convierte en una mercancía preciosa que no se

puede usar simplemente como una persona lo considere conveniente. Con el tiempo extra permitido por la falta de problemas financieros, se pueden hacer una miríada de cosas.

- ✓ **Libertad del estrés financiero**: cuando se trata de salir de una deuda, una persona se vuelve paciente por necesidad. No hay nada peor que alguien que esté endeudado e impaciente, porque siempre tomará las decisiones equivocadas cuando se trata de comprar artículos. Los pacientes le permitirán retrasar el consumo ahora para mantener la tranquilidad.
- ✓ **Libertad para aumentar sus ahorros:** ¿Por qué ahorrar cuando solo obtendrá un poco de interés en sus ahorros? Aquí está mi respuesta. El ahorro es algo natural que ocurre cuando gasta menos de lo que tiene. Es decir, si sus ingresos exceden sus gastos, tendrá dinero en efectivo que luego puede hacer a su antojo. Ahorras para construir

una reserva de efectivo saludable y ahorras para tener el dinero para aprovechar las oportunidades de inversión que se te presenten. Por ejemplo, tener el depósito necesario para una hipoteca.

- ✓ **Libertad para comenzar a crear riqueza:** En definitiva, la creación de riqueza es lo que le dará libertad financiera. Pero solo puede crear riqueza si tiene un flujo de caja positivo que le permita dar los pasos. La creación de riqueza implica riesgos, por lo que debe buscar el asesoramiento de profesionales calificados antes de decidir invertir el dinero que tanto le costó ganar en alguna inversión.
- ✓ ***Seguro de desempleo:*** Tener ahorros e inversiones en su lugar significa que no necesita depender de pagos mínimos de desempleo que solo cubren las necesidades básicas; puedes continuar viviendo un estilo de vida que sea cómodo para ti.
- ✓ ***Poder de gasto extra:*** Sus activos e inversiones pueden generar

ingresos adicionales que de otro modo no recibiría; considérelo un bono, además de su salario, que puede pagar usted mismo.

- ✓ *Jubilación anticipada:* La jubilación anticipada es una opción atractiva si puede pagarla. Si las buenas decisiones de inversión significan que puede vivir de dividendos, la jubilación anticipada podría convertirse en una realidad, no solo en un sueño.
- ✓ *Tranquilidad de espíritu:* Si su ingreso pasivo excede sus gastos mínimos, tendrá una mayor flexibilidad. ¿Cuánto menos estrés experimentarás? Y con menos estrés viene la tranquilidad y la libertad de vivir la vida en tus propios términos.

¿Por qué es tan difícil lograr la libertad financiera?

La mayoría de las personas quieren ser financieramente independientes, entonces, ¿por qué tan pocas personas llegan allí?

Uno de los secretos para lograr la independencia financiera es aceptar que, por lo general, "simplemente no sucede". Comienza con un plan detallado y la voluntad de comprometerse con ese plan.

Un buen punto de partida es revisar sus activos e inversiones actuales. ¿Le están dando los mejores rendimientos posibles? Revise qué pasivos o deudas tiene, ¿qué cambios podría hacer para reducirlos ahora? Estas son algunas de las piedras angulares de un plan financiero sólido.

Independientemente de dónde se encuentre en la vida, ya sea que esté comenzando, disfrutando de un potencial de ingresos máximo o pensando en tomarse la vida un poco más fácil, la planificación financiera no solo es importante, es esencial.

Tenga en cuenta que los estilos de vida más saludables y los avances médicos pueden agregar diez o más años a nuestra esperanza de vida, que es posible que no hayamos tenido en cuenta cuando comenzamos a trabajar. Otra buena razón para considerar convertirse en financieramente independiente más pronto que tarde.

Consejos para lograr la libertad financiera

Si aún no lo ha hecho, ahora sería un buen momento para considerar embarcarse en el camino que conduce a la libertad financiera. Pague la deuda de más alto interés que debe. Intente y consolide todas sus deudas en un solo lugar si es posible. Comience un fondo de emergencia. Busque maneras de asumir más responsabilidad en el trabajo o busque un trabajo que tenga una tasa de pago más alta. Si bien es fácil sentirse abrumado por todas las cosas enumeradas en este breve artículo, la clave es comprometerse con sus objetivos todos los días y darse cuenta de que no puede hacer todo de una vez. Cualquier cosa que haga para mejorar su situación financiera actual puede mejorar su vida y asegurarse de estar preparado para las dificultades financieras que se presenten en el futuro.

Es importante recordar que los problemas de dinero no son el fin del mundo. Aplicar un poco de sentido común a los problemas financieros suele ser todo lo que se necesita para volver al camino correcto y evitar los problemas asociados con las finanzas deficientes. Ahora nada le impide alcanzar la independencia financiera: ¡este sitio es un recurso gratuito para ayudarlo a comenzar!

Referencias bibliográficas

Trust S. (2006). El dinero y el ahorro. Recuperado de https://www.pinturayartistas.com/wordpress/wp-content/uploads/libros/El%20c%F3digo%20del%20dinero.pdf

Rincón, C. (2011). Presupuestos empresariales. Recuperado de

https://www.academia.edu/35646497/Presupuestos-empresariales

Rodriguez, A. (2008). Paso a paso Como salir de deudas de forma exitosa en muy poco tiempo. Recuperado de https://s3.amazonaws.com/deudasbusta19/LibroDeudasNuncaMasBusta1.pdf

Bodoo, S. (2014). El camino hacia la libertad financiera. Recuperado de https://books.google.com.pe/books?id=Sz2lAwAAQBAJ&printsec=frontcover&dq=libertad+financiera&hl=en&sa=X&ved=0ahUKEwiYsrmFs4vlAhUEvFkKHb-KDAAQ6AEIKzAA#v=onepage&q=libertad%20financiera&f=false

Bernstein, W. (2013). Las inversiones y los inversionistas. Recuperado de http://www.economia.unam.mx/profesores/blopez/Riesgo-Pres3.pdf

Sánchez, M. (2013). El carpintero Fenix. Recuperado de https://books.google.com.pe/books?id=VbUXAwAAQBAJ&pg=PT142&dq=%EF%83%98%09El+sistema+de+los+tarros+de+dinero+de+T+Harv+Eker+LIBROS&hl=es&sa=X&ved=0ahUKEwiU34fdp6TlAhVEpFkKHbvWBboQ6AEIKDAA#v=onepage&q=%EF%83%98%09El%20sistema%20de%20los%20tarros%20de%20dinero%20de%20T%20Harv%20Eker%20LIBROS&f=false

www.ingramcontent.com/pod-product-compliance
Lightning Source LLC
La Vergne TN
LVHW050751061126
851857LV00013B/1110